"养正育能"优秀传统文化课程体系的
创新建设与实践研究

养正育能
启智润心

王延贞　郭骏
李宏◎编著

济南出版社

编委会

目录

教学篇

美育篇

成效篇

理论篇

"'养正育能'优秀传统文化课程体系的创新建设与实践研究"开题报告

王延贞

中华文化源远流长，几千年的历史为我们留下了浩如烟海的文献典籍，积淀下了丰富的精神财富，具有独特的育人价值。基于对国家方针的学习和对中华优秀传统文化的高度自信与深度认同，多年来，济南市大明湖小学（本书简称"大明湖小学"）一直以传统文化教育为办学特色。国家的政策引领，大明湖小学浓厚的传统文化教育氛围，助推我们建构和完善了"养正育能"优秀传统文化课程体系。

一 问题的提出

（一）破解大明湖小学优秀传统文化教育整体构想和实践路径缺失的问题

"'养正育能'优秀传统文化课程体系的创新建设与实践研究"旨在解决大明湖小学优秀传统文化教育实施中存在的整体构想和路径研究缺失

问题：课程群缺乏顶层设计，科学性、系统性不强；实施与评价有浅表化、笼统化的现象。

1. 解决大明湖小学优秀传统文化课程群缺乏顶层设计的问题

大明湖小学课程改革工作的顶层设计具有方向性引领作用、方法论指导作用和全盘统筹的规划作用。前期，大明湖小学"优秀传统文化课程群"的实施缺乏顶层设计，具体表现为以下两点。一是没有确立优秀传统文化课程体系培养目标，且对其缺少研究。二是门类众多的基础课程、拓展性课程未能构成一个有机联系、彼此联结的完整系统。各门类课程之间缺乏科学的整合与系统的关联，育人目标、课程内容、实施途径、实施策略等课程要素有机衔接不够，没有形成各课程融合发展的体系和实施模式。

2. 聚焦大明湖小学优秀传统文化课程群缺乏科学性、系统性的问题

以往，大明湖小学传统文化课程既有融合课程，又有特色课程，门类丰富、涵盖面广，但是缺乏科学性、系统性。其主要表现为以下两点。一是学习内容零散。大明湖小学各种传统文化教育活动丰富多样，但是缺乏科学性、系统性的规划与安排。二是各课程、活动间有交叉重复，各年级间缺乏衔接与梯度提升。零碎化地推进实施，导致学生传统文化教育认知、素养和能力在低层次徘徊。

3. 突破大明湖小学优秀传统文化课程设计与实施浅表化的问题

教育要把"行"作为出发点和归宿。以往，大明湖小学相对重视传统文化知识的学习，重视感性认识、理性分析，忽视了传统文化教育在"行"中的重要作用。很多学生对一些经典句段能熟练背诵，但是未能将思想精华落实于行动中，未能达成知行合一的目标。

4. 破解大明湖小学优秀传统文化课程评价体系笼统的问题

大明湖小学前期的传统文化教育评价体系相对单一、粗浅：在教师层面，缺少对传统文化课程质量和教学成果的评估；在学生层面，缺少系统、具体的评价指标。目前大明湖小学设计并实施的激励性、多样性、进阶性的评价

体系对提升课程达成度起到了促进作用。

（二）建构"养正育能"优秀传统文化课程体系的背景与基础

1.中华优秀传统文化蕴含独特的育人价值

2021年1月，教育部印发《中华优秀传统文化进中小学课程教材指南》（以下简称《指南》）。《指南》指出，开展中小学中华优秀传统文化教育，对于永续中华民族的根与魂，坚守中华民族的共同理想信念，筑牢民族文化自信、价值自信的根基，维护国家文化安全，增强国家文化软实力，培养青少年做堂堂正正的中国人，具有重要意义。

在中华优秀传统文化融入小学教育构想的指导下，在发展学生核心素养的背景下，根据社会发展对人才的需求，根据学生身心发展的需要，依据学校办学的理念和特色，大明湖小学以"养正育能，厚德一生"为宗旨，整合社会、家庭、学校各方面的资源优势，努力建构"养正育能"优秀传统文化课程体系。

2.以校为本，落实"立德树人"的根本任务

课程是教育思想、教育目标和教育内容的主要载体，集中体现国家意志和社会主义核心价值观，是学校教育教学活动的基本依据。《关于加强和改进新时代师德师风建设的意见》指出，把立德树人的成效作为检验学校一切工作的根本标准。从这个角度来看，建构"养正育能"优秀传统文化课程体系，是坚持立德为先，培养家国情怀、传统美德、责任意识和担当精神，培养学生具备终身发展和社会发展需要的必备品格的重要载体；同时也是聚焦学生核心素养提升，关注学生全面发展的重要举措。

3.凸显结合，发挥地域优势

大明湖小学是一所有着百年历史的名牌老校，坐落在风景如画的大明湖畔。原校址内有一处大型古建筑，就是历史上有名的府学文庙。这一独特的校园文化使得大明湖小学拥有深厚的历史文化底蕴。周边老城区淳朴的民风、鲜活的民俗、众多的名胜古迹、广为传颂的名人雅士也都为大明湖小学

的优秀传统文化教育提供了源头活水。

4. 主动生长，课程迭代推进

2002 年，大明湖小学率先将"国学启蒙教育"纳入学校课程，大力开展国学教学研究，引起教育界、学术界的普遍关注。

2007 年，适值老城区学校改造，整合后的大明湖小学进一步延续原各校"国学启蒙教育""孝心教育""剪纸"等经典课程，课程资源更为丰富。

2008 年秋，大明湖小学提出了"大国学教育"的构想，站在大教育观的高度来审视校本课程，同时开设多项校本课程。

2018 年，大明湖小学提出建构"养正育能"优秀传统文化课程体系的设想，将国家、地方、学校和主题活动课程进行整合提升，构建"仁""智""勇""艺"传统文化教育四大课程群二十余门课程，加强实践体验，打通"知行合一"的"最后一公里"。

二　解决的具体问题及方法

在解决问题的过程中，主要采用了以下方法：一是实践与研究、与理论相融合，在传承、尝试和反思中解决问题；二是通过"课程资源建构""教育空间贯通"的研究，实现了课程选择多样化、课程资源丰富化、课程实施高效化、课程评价多元化；三是改革实践与成果推广相融合，不断深化和提炼成果。

起步阶段（2002—2007），大明湖小学开发的"国学启蒙教育"是济南市教育局审批通过的首批学校课程，涵盖一至六年级。其教材《国学启蒙教育》坚持选择性、思想性、丰富性、时代性、趣味性并重的选编原则。每册教材均由课文和阅读两部分组成。课文分仁、礼、德、信、伦五个单元。阅读部分包括经典诗词曲赋、寓言神话等。大明湖小学提炼了诵读化、情境化、故事化、生活化的"四化"教学法。

发展阶段（2008—2017），适值老城区学校改造，整合后的大明湖小学提出了"大国学教育"构想，吸纳了原各校"国学启蒙教育""孝心教育""剪纸"等经典课程,相继开发了"书法""民乐""中医中药""武术"等特色课程,课程资源更为丰富。陆续开展了"开笔礼""成童礼""中华母亲节"等与传统文化相结合的德育品牌活动,真正让学生学以致用。在达成教育目标、丰富课程内容等方面有所突破。

深化阶段(2018—2024),大明湖小学提出建构"养正育能"优秀传统文化课程体系:诠释了课程体系的主旨内涵;确立了"价值引领、课程统整、评价驱动"的实施原则;以创新"国家课程校本化实施"和创生"学校优秀传统文化特色课程"为重点,结合孔子的思想精髓和"五育"并举的要求,开发了"仁""智""勇""艺"四大模块二十余门传统文化特色课程;积极探索并形成了"内养+外养"实施路径;优化丰富了"知行合一"实施策略;构建了"多元进阶"评价体系。

三 "养正育能"优秀传统文化课程体系的主要内容

(一)主要观点

大明湖小学提出建构"养正育能"优秀传统文化课程体系:诠释了课程体系的主旨内涵;确立了"价值引领、课程统整、评价驱动"的实施原则;以创新"国家课程校本化实施"和创生"学校优秀传统文化特色课程"为重点,结合孔子的思想精髓和"五育"并举的要求,开发了"仁""智""勇""艺"四大模块二十余门传统文化特色课程;积极探索并形成了"内养+外养"实施路径;优化丰富了"知行合一"实施策略;构建了"多元进阶"评价体系。

(二)主要内容及实践模型

1.深挖"养正育能"的主旨内涵

"养正",语出《易经·蒙》"蒙以养正,圣功也"。"养正"是指"养天地正气"，意思就是说，在儿童后天知识还没有完全形成的朦胧时期，就给予正确的行为教育，培养纯正崇高的德行。大明湖小学"养正育能"优秀传统文化教育以"正"为目标，以"养"为手段，从学生日常学习生活的细节入手，涵盖正容、正行、正心、正德四个层面，以期由浅及深、由表及里地达到潜移默化的养正之功。

"育能"即聚焦"五育"，多元育能。在发展学生核心素养的背景下，以德智体美劳的落实为核心实施途径，培养学生具备适应终身发展和社会发展需要的必备品格和关键能力，具体是人文底蕴、科学精神、学会学习、健康生活、责任担当、实践创新。

2. 课程体系的目标

"养正育能"凸显"整体育人"的教育思想，真正让传统文化走向育人、走向生活、走向现代、走向全体，从而实现"秉承优秀传统，创办现代名校"的办学发展目标，让每一个学子修德、博学、赋能、笃行，实现"养正育能"的教育宗旨。

（1）建设了"养正育能"传统文化引领下的管理文化

不断完善大明湖小学领导体制、执行体制、激励机制、评价体制和监督体制，逐步引导广大教职工实现思想上自律、工作上自力、管理上自立的目标，塑造以"传承发展、创新创造"为基调的管理文化。

（2）打造了"养正育能"传统文化引领下的教师队伍

培养"身正示范，德才兼备"的教师，着力培育教师"养正"的教育思想，强调教师通过文化、人格素养等非学科因素影响教育学生。"读书"养正其气，"塑形"养正其身，"竞技"养正其性，形成"养正"教师文化，促进教师生命价值的实现。

（3）建构了"养正育能"优秀传统文化引领下的课程体系

"养正育人"优秀传统文化课程体系的构建，旨在将"养正"这一抽象的精神理念具体化，以"外养＋内养"两条路径，探索优秀传统文化育人的策略，在传承的基础上不断创新，赋予"养正育人"丰富的表达形式，实现立德树人、"五育"并举的育人目标。

（4）提升了"养正育能"优秀传统文化熏陶下的学生素养

大明湖小学"养正育能"优秀传统文化教育以"正"为目标，以"养"为手段，从学生日常学习生活的细节入手，培养学生健全人格和民族精神。在发展学生核心素养的背景下，以德智体美劳"五育"落实为核心实施途径，培养学生具备适应终身发展和社会发展需要的必备品格和关键能力，具体是人文底蕴、科学精神、学会学习、健康生活、责任担当、实践创新。

3.课程体系的实践模型

在中华优秀传统文化融入中小学教育构想的指导下，依据大明湖小学的办学理念和特色，以"养正育能"为创建点，架构起"一体系、双路径、三原则、四策略、五评价"的"养正育能"优秀传统文化课程体系，实现"养正育能，厚德一生"的教育宗旨。

"养正育能"优秀传统文化课程体系

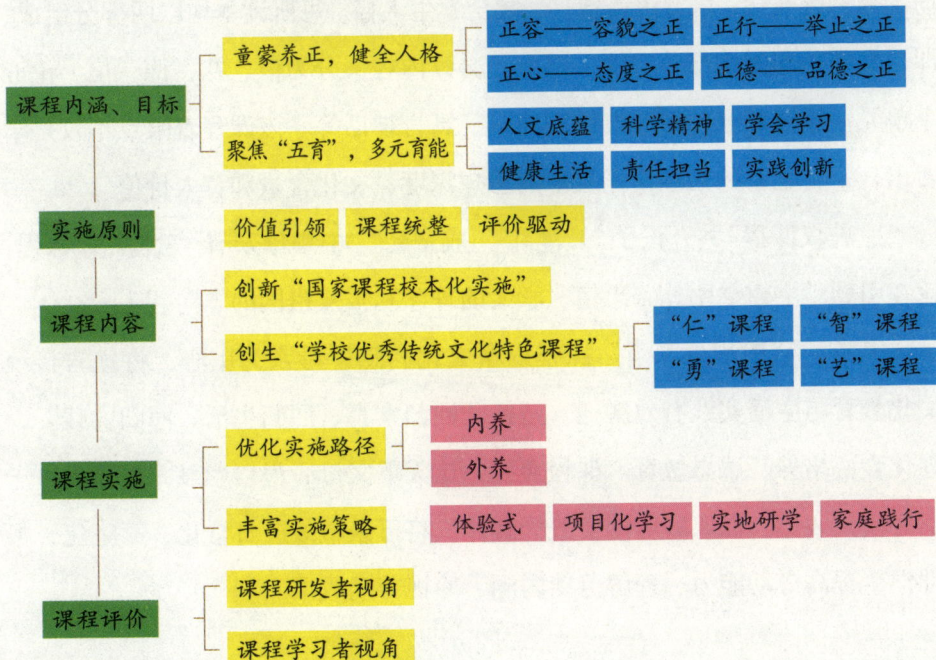

课程内涵、目标	童蒙养正，健全人格	正容——容貌之正	正行——举止之正
		正心——态度之正	正德——品德之正
	聚焦"五育"，多元育能	人文底蕴 科学精神 学会学习
		健康生活 责任担当 实践创新

| 实施原则 | 价值引领 课程统整 评价驱动 |

课程内容	创新"国家课程校本化实施"
	创生"学校优秀传统文化特色课程"	"仁"课程 "智"课程
		"勇"课程 "艺"课程

课程实施	优化实施路径	内养
		外养
	丰富实施策略	体验式 项目化学习 实地研学 家庭践行

| 课程评价 | 课程研发者视角 |
| | 课程学习者视角 |

（1）课程"一"体系，启智润心

以创新"国家课程校本化实施"和创生"学校优秀传统文化特色课程"为重点，实现优秀传统文化教育走向育人，走向生活，走向现代，走向全体。

聚焦融合。基于中华优秀传统文化与学科的内在联系，结合学科具体主题、单元、模块特点，融入相应的中华优秀传统文化内容和载体形式。

聚焦创新。积极创生"学校优秀传统文化特色课程"。结合孔子"知者不惑，仁者不忧，勇者不惧"的思想精髓和"五育"中对美育、体育、劳动教育的重要阐述，将学校创生的优秀传统文化特色课程规划为"仁""智""勇""艺"四大模块二十余门课程。

① "仁"课程模块，明德守礼

"仁"者爱人，要爱己、爱他人、爱国、爱世界。大明湖小学以"国学启蒙教育""礼仪课程""孝心教育"等课程为载体，重点开展家国情怀教育、关爱教育和人格修养教育。

"国学启蒙教育"是济南市教育局审批通过的首批学校课程，旨在弘扬优秀传统文化，培育民族精神，健全学生人格。每册读本均以两部分组成，即课文部分和阅读部分。课文部分是必读内容，分为仁、礼、德、信、伦五个单元。阅读部分包括经典诗词曲赋、寓言神话等。该课程着眼点不仅是学习语言，更重要的是感悟作品中的思想深度、文化含量和育人价值。

"礼仪课程"共开设了"开笔礼""成童礼""中华母亲节"三大礼仪课程，旨在引领学生树立明礼、忠信、孝义的理念和报效祖国的志向。

其中，"中华母亲节"课程以孝文化和感恩母亲为中心，将优秀传统文化教育与生活实践有效融通。坚持"回归本真、回归生活、回归实践"，强化爱心培养、感恩教育。课程典礼，让天下父母心得以彰显，也让天下子女心精致表达。以家庭劳动实践为载体，将母亲节效应日常化、家庭化，帮助学生提高劳动能力、理解劳动内涵、珍视劳动成果。

② "智"课程模块，启迪智慧

智者要博学、慎思、明辨、笃行。大明湖小学以"我们身边的二十四节气""走进老济南""我们的节日"为实施载体，以时令节气、风俗习惯、传统节日的主题研究为引领，以跨学科项目化学习方式为依托，组织学生自主选题、合作探究、综合分析、演示汇报，在实践课中培养发展高阶思维能力和综合探究能力。重点分享以下课程：

"我们身边的二十四节气"课程。二十四节气和七十二候，是我们的祖先与大自然的对话。该课程以二十四节气为时间轴线，以时令古诗、汉字解读、实践活动为主要板块，让学生在四季的循环中通过动手操作、合作探究，感受传统文化的魅力。

"走进老济南"课程。大明湖小学地处老城区，对研究老济南的风土人情有得天独厚的条件。已开发了"走进大明湖""走进名泉""走进老街老巷""走近历史名人"等多项专题。该课程引领学生了解、关注老济南，并使其成为大明湖小学实施优秀传统文化教育的有效载体。

③ "勇"课程模块，强健体魄

勇者肩挑大义，牢记使命，身任天下，勇于任事而不避难，砺志自强而不信邪。大明湖小学以"武术""中医中药""传统游戏"为载体，以运动健身为目的，培养学生的体育精神，学会与人和谐相处，树立对自我、群体和社会的责任感。

④ "艺"课程模块，"美"的熏陶

大明湖小学"艺"课程模块的创建与实施，培养了学生高雅的审美观和高尚的情操。该课程涉及民乐、剪纸、国画、书法、快板快书，聚焦艺术与特色技能。一是指民族性、地域性特征非常鲜明的艺术，如书法、音乐、舞蹈、戏曲等；二是以手工劳动为主的技能，如烹饪、刺绣、剪纸、雕刻等。让学生在学习民族艺术技艺的同时，感受中华优秀传统文化的博大精深。

（2）实施"双"路径，"内养＋外养"

从实施路径看，通过"内养＋外养"的途径来实践。"内养"是校内的德育熏陶、礼仪体验以及知识学习，"外养"是走进社会和生活的实践体验。

（3）构建"三"原则，导向引领

①价值引领原则

价值引领是开展中华优秀传统文化教育的核心目标，践行中华文明发展积淀中最深沉的精神追求。同时，"实践养成"是中华优秀传统文化在中小学落地生根的重要方式，自觉践行中华传统美德，力争达到"学思用贯通，知信行统一"。

②课程统整原则

"养正育能"优秀传统文化课程体系，在"国家课程校本化实施"中，遵循"统整微调"原则，关注学科渗透融合。在"学校优秀传统文化特色课程"的开发中，遵循"统整创生"原则，关注课程深度发展，以达到育人的目标。

③评价驱动原则

评价是"养正育能"优秀传统文化课程体系能取得实效的重要保障。大明湖小学构建的"养正育能"优秀传统文化课程开发与实施的评价体系，发挥了课程评价的导向与促进作用。

（4）实施"四"策略，优化创新

探索体验式、项目化学习、实地研学、家庭践行等教育策略，让优秀传统文化教育由单一讲授到多元体验，从主题学习到项目化学习，从课内延展至课外，从认知指向践行，使学习方式灵活创新、富有实效。

①"体验式"策略

借助对仪式、生活和游戏的体验，使高深难解的经典作品和抽象的情感价值教育落到实处，润物无声。

②"项目化学习"策略

依托"节气课程"，进行跨学科的"项目化学习"，在"做项目"中涵养品格、提升高阶思维能力。

③"实地研学"的实施策略

如带领学生前往名人故居、纪念馆或景点，进行实地考察、探寻，学以致用，历练成长。

④"家庭践行"的实施策略

家庭，是知行合一的落脚点。孝心教育从家庭劳动开始，有助于学生提高劳动能力、理解劳动内涵、珍视劳动成果。

（5）多维评价，激励成长

探索实施积点、进阶、知行、多维、特色评价等。如：关注"量的提升"的进阶评价，在期末对班级进行诵读检测，评选"国学小学子"，表彰"国学诵读明星班"；关注"质的飞跃"的知行评价，组织"孝心少年""生活小达人"的评选，全面考查学生在人格塑造、行为养成等方面的提升。

四 效果与反思

20多年的传统文化教育实践研究，赋予了大明湖小学特色教育全新的社会价值和教育意义，引起教育界、学术界专家的普遍关注，被多家媒体大篇幅报道，在社会上享有较高的声誉和知名度。

（一）"养正育能"优秀传统文化课程体系有效落实学校层面"整体育人"办学思想

"整体育人"办学思想既是"横向贯通"，即各个教育因素的整合；又是"纵向贯通"，即学生整个小学阶段甚至是一生的成长教育。从"横向贯通"的研究看，大明湖小学通过对"养正育能"课程体系内涵、目标、内容、实施、评价的不断创新与改进，实现了课程育人、活动育人、环境育人等全方位、浸泡式的育人模式。从"纵向贯通"的研究看，站在了学生一生发展的高度来看课程体系的构建与实施。在课题研究中，充分发挥中华优秀传统文化的潜力和优势，通过优化课程体系实施的各个阶段，通过正心、养德、正行、赋能等措施的落实使学生将中华优秀传统文化内化于心，外化于行，为一生的成长奠基。

（二）"养正育能"优秀传统文化课程体系促进学校、师生共同成长

"养正育能"教育的实施促进了学生发展。"养正育能"教育得到了家长、社会各界的高度评价与赞赏。据调查，小学六年传统文化教育的滋养，不仅为学生的成长打下了坚实的人文基础，还使他们坚定了继承和弘扬中华优秀传统文化的决心。学生反馈，每当自己做事不能坚持时，会想起孔子说的"力不足者，中道而废"；面对人生选择时，会想起"君子不器"的告诫。

"养正育能"教育的实施实现了教师的专业化发展，使得"因材施教""诲人不倦"的教育大爱得以回归。大明湖小学带领教师建立起学校、家长、社会三位一体的育人网络，重视与家长、社区沟通，深挖校外传统文化教育资源，营造全社会传承优秀传统文化、携手共育祖国花朵的良好教育生态，有效地提升了大明湖小学的办学品质，得到家长、社会的广泛认可。

大明湖小学被评为全国"做合格小公民"活动优秀集体、山东省规范化学校、山东省德育教育示范学校、山东省传统文化体验学校、山东省孔子学堂定点学校、济南市特色学校等。"国学启蒙教育"获中央文明委百佳案例评选三等奖，被教育部评为社会主义核心价值观教育优秀案例，获山东省科研成果一等奖、山东省教学成果奖一等奖，获济南市优秀校本课程。"大国学教育的实践与研究"获省级教学成果三等奖。"中华母亲节"获济南市中小学德育品牌。省、市级课题"在小学实施中国优秀传统文化的实践研究""在小学实施传统文化教育与综合实践活动相结合的实践研究"均已结题。2019 年，大明湖小学在山东省传统文化体验教育年会上做推广发言。有关"养正育能"的多篇论文在《现代教育》《文化大观》《中小学教育》上刊登。

"养正育能"课程育人体系的建构与实施创新

王延贞

大明湖小学秉承"养正育能，厚德一生"的办学理念，坚持走特色办学之路，贯彻落实"五育"并举，强化"五育"融合，将优秀传统文化融入现代教育生活之中，全面提升学生发展核心素养，逐步建立并完善了具有校本特色的"养正育能"课程育人体系。

课程体系的建构经历了起步期、探索期、发展期，现在正逐步走向成熟期。目前，大明湖小学依托义务教育课程方案和课程标准（2022年版），立足学生发展，进行了"一核五维三类"的顶层设计："一个核心"即"养正育能，厚德一生"，突出文化统领；"五个维度"即涵盖品德与社会、人文与科学、体育与健康、艺术与审美、劳动与实践五大领域，使学校课程体系结构化，更好地实现德智体美劳"五育"并举和促进学生发展核心素养；"三个类别"即将上述五大领域中的每一个领域划分为基础类、拓展类、研究类三大类课程，以更好地突出国家课程及学校通修课程的"基础类"课程地位，强化国家课程的拓展延伸、跨学科主题整合、跨学段整合等"拓展类"课程，以"项目化学习"方式开展彰显学生学习探究、思维进阶的"研究类"课程。大明湖小学在建构"养正育能"课程育人体系的基础上，重视创新实施方式，突出大概念统整下的单元整体教学、跨学科主题学习、跨学段主题学习、主题式综合实践活动等，不断推进课程设计与实施的创新，育人质量和水平不断提升，并取得了一系列教育教学成果。

大明湖小学获山东省首批中华优秀传统文化传承示范校、济南市第二批特色学校培育校、济南市教育教学成果一等奖，成功立项 2021 年济南市基础教育教学改革重点项目。大明湖小学主持的山东省级课题"在小学实施中国优秀传统文化的实践研究""在小学实施传统文化教育与综合实践活动相结合的实践研究"均已结题；市级"十四五"规划课题"'养正育能'优秀传统文化课程体系的创新建设与实践研究"正在研究中。大明湖小学曾完成山东省远程研修课例开发任务，在山东省传统文化体验教育年会做经验汇报，多次承办历下区语文、数学、科学等学科的教学研究现场会。基于课题驱动，大明湖小学教师队伍形成了"以德立身，业务见长"的教研氛围。现有济南名师 1 人、历下名师 4 人、区级教学能手 20 人，多人获山东省、济南市优质课、说课、案例评选一等奖。在"五育"融合高质量高品质课程育人体系的浸润下，大明湖小学的学生德智体美劳全面发展。大明湖小学被评为全国"做合格小公民"活动优秀集体。大明湖小学获山东省经典诵读比赛一等奖第一名、山东省科普剧大赛一等奖。大明湖小学被评为济南市青少年感恩教育、中华诗文诵读、才艺培养三项活动先进单位，全国青少年校园足球活动济南市体教结合足球项目优秀集体。大明湖小学获济南市少年儿童乒乓球比赛男子、女子团体第一名等。

大明湖小学课程建设的典型经验汇报如下：

一 "养正育能"课程育人体系建设的背景

大明湖小学是一所文化和地域标志性强，享有较高声誉的百年老校，2007 年由 7 所老城区学校整合而成，现位于按察司街 78 号，占地 13000 平方米，有 72 名教职工、31 个教学班、1264 名在校生。

大明湖小学周边有"四面荷花三面柳"的大明湖，有镌刻着历史痕迹的街巷胡同，有诉说着古老文化的曲水流觞，原校址内还有历史上有名的府学文庙。这为大明湖小学建构具有传统文化、地域文化特质的课程体系提供了源头活水。基于此，大明湖小学确定以"秉承优秀传统，创办现代名校"为办学目标，提出了"养正育能，厚德一生"的办学理念。"养正"是指"养天地正气"，即在儿童开蒙时期，帮助他们走好人生第一步，从小养成一种端正的行为，养成良好的习惯和态度，化为一种观念和品格。"育能"，则是在高度关注青少年思想道德建设的同时，进一步深化以发展学生的创新精神和实践能力为重点的素质教育，达到"身心发展""知行合一"的教育效果，培养学生具备适应终身发展和社会发展需要的必备品格和关键能力，全面落实"立德树人"的根本任务。

大明湖小学以"养正育能，厚德一生"为统领，在落实义务教育课程方案和课程标准（2022 年版）的背景下，发挥办学特色和地域文化优势，从理念提升入手，建构起了彰显"五育"融合的"养正育能"课程育人体系，规划并设计了"一核五维三类"的实施框架。大明湖小学通过大概念统整、跨学科学习、项目化学习等不断推进课程的实施创新，深化了课程体系的结构改革，优化了课程实施，彰显了课程文化，提高了学校的教育教学质量和水平，提升了学生的核心素养，实现了"修德、博学、赋能、笃行"的培养目标。

二 "养正育能"课程育人体系建设的依据

（一）政策导向依据

1. 新时代国家政策导向

党的二十大报告指出："要全面贯彻党的教育方针，落实立德树人根本任务，培养德智体美劳全面发展的社会主义建设者和接班人。"《教育部关于全面深化课程改革落实立德树人根本任务的意见》中提出："深化课程改革、落实立德树人根本任务具有重大意义。"2020 年，教育部研究制定了《大中小学劳动教育指导纲要（试行）》。2020 年，在全国教育工作会议上，针对"五育"，教育部部长陈宝生指出："要对准体育、美育、劳动教育发力，推动教体相融合、画出美育硬杠杠、构建劳动教育责任链条。"

2. 义务教育课程方案和课程标准（2022 年版）要求

义务教育课程方案和课程标准（2022 年版）要求，落实立德树人根本任务，坚持德育为先，提升智育水平，加强体育美育，落实劳动教育，引导学生明确人生发展方向，成为德智体美劳全面发展的社会主义建设者和接班人。

大明湖小学在课程体系建设中，积极贯彻国家教育方针和政策，坚决落实立德树人根本任务，全面落实义务教育课程实施方案和课程标准（2022 年版），不断优化和完善课程育人体系结构，逐步形成了以"养正育能，厚德一生"为理念，以全面整合、系统建构为方法的学校课程体系建设行动，形成了独具特色的"养正育能"课程育人体系。

（二）顺应区域整体推进需要

济南市教育局以推进课程体系建设，夯实课程教学改革为目的，开展和实施了一系列创优、评优活动。大明湖小学借助历年来的"基础教育教学成果评选"，进一步深化了教学改革，提高了教育教学质量和学生培养水平。大明湖小学根据 2020 年发布的《济南市"领航学校、特色学校、新优学校"创建发展行动计划》，深挖学校内涵，申报"特色学校"培育校，从中华优秀传统文化教育入手，使学校走上了"以育人为根本、以质量为核心"的发展快车道。济南市教育局实施"泉引桥"基础教育全学段衔接工程，以学生为本，提出"全场景"体系化建议。济南市教育局全面推进全课程建设项目落地，助力学生的高水平发展、多元发展和个性发展，进一步落实课程在学校立德树人过程中的核心地位，发挥课程育人的作用。基于此，大明湖小学积极落实新时代体育、美育工作实施方案，建设"3+3+X"劳动课程体系，加强"幼小衔接"和"中小衔接"的专题研究,着力培养身心健康的时代新人。

历下区教体局以课程建设推动教育发展,从课堂教学入手,追溯课堂本源,用高质量的课堂教学助力学生成长,自2021年起提出了"让每个孩子享受成长的快乐与成功的喜悦"的育人理念和创设"爱学课堂"的建设目标。历下区教体局开展多场次的评选、展示、推广活动。基于此,大明湖小学聚焦课程改革新思路、自主教学新课堂、综合多元新评价、减负提质新举措的研究,在大概念、大单元、项目化、主题式教学的改革中,积极实践,反思提炼,多次参与评选、展示和推广活动。

(三)进一步提升大明湖小学课程建设水平的需要

大明湖小学课程建设坚决贯彻落实立德树人根本任务,坚持德育为先,提升智育水平,加强体育美育,落实劳动教育,以实现学生健康、全面发展为目标,不断推进"五育"融合的教育新样态。

大明湖小学课程建设的研究经历了起步期(2002—2012)、探索期(2013—2017)、发展期(2018—2024)三个阶段,获得了三项省级教学成果奖、一项市级教学成果奖。大明湖小学学生在不同级别素质能力评优评比活动中成绩优异。但是,课程建设依然面临一定的问题:一是课程体系欠缺系统性,有零散、碎片化现象;二是课程建设研究的力度不够深入。

在新时代"五育"融合的背景下,大明湖小学针对出现的问题,依据政策导向和课程标准,就如何系统建构课程育人体系成立了项目组,全面梳理了学校课程建设的优势和不足。项目组在大课程观的统领下,通过教学观、内容观、资源观、技术观等一系列观念的更新,在课程体系的研究与规划、课程内容的研发与优化、课程实施的融合与创新上进行了改革与实践,不断完善和优化了大明湖小学"养正育能"课程育人体系,持续推进了大明湖小学课程的开齐、开全、开好,有效促进了学生的全面发展。

"养正育能"课程育人体系的建构

为了促进"养正育能,厚德一生"办学理念的有效落实,大明湖小学用"课程育人"的理念审视整个教育教学活动,立足"修德、博学、赋能、笃行"育人目标的实现,对本校课程进行了全面梳理,构建了"一核五维三类"课程体系模型。

"一核五维三类"课程体系模型规划从"一个基于、两个整合、三个体现"来思考:"一个基于"是基于办学理念、育人目标和办学特色;"两个整合"是整合学校育人时间、空间和资源,整合国家、地方、学校三级课程;"三个体现"就是既体现国家对教育的基本要求又体现学校的特色发展,既体现学校整体办学目标又体现微观课程内容及教育教学方式,既体现学生的共性要求又满足学生个性化需求。

(一)大明湖小学课程建设研究的基础

大明湖小学课程体系的建构经历了起步期(2002—2012)、探索期(2013—2017)、发展期(2018—2024)三个阶段。在研究与探索的过程中,为了解决大明湖小学课程建设窄化、形式化、碎片化的问题,项目组认真谋划课程建设目标,着眼于三级课程的校本化实施,强化三级课程的整合性研究,用模块课程群和进阶性课型组来搭建学生学习的阶梯,逐步建构起"养正育能"课程育人体系。

1.起步期(2002—2012)

2001年,教育部印发了《基础教育课程改革纲要(试行)》。此次课程改革体现为四个方面:一是强调改变课程过于注重知识传授的倾向,强调形成积极主动的学习态度;二是设置综合课程,体现课程结构的均衡性、综合性和选择性;三是倡导学生主动参与、乐于探究、勤于动手,培养学生搜集和处理信息、获取新知识、分析和解决问题以及交流合作的能力;四是实行国家、地方、学校三级课程管理。此时，大明湖小学已经有意识地开始进行课程建设：一是聚焦课堂改革，重在单学科教学策略的优化和课时教学质量的提升；二是聚焦校本课程的开发与建设，开设"国学启蒙教育"校本课程，编写校本教材，大力开展国学教学研究，引起教育界、学术界的普遍关注。

2. 探索期（2013—2017）

2011年，教育部印发义务教育语文等学科课程标准（2011年版）。此次课改要求教师树立"课程的开发者、建设者"的新教师观，树立"学习是建构知识，而不是传递知识"的观念，倡导"自主、合作、探究"的学习方式。基于此，大明湖小学一是通过创设翻转课堂，进一步推进教与学方式的转变；二是根据老城区学校改造，提出了"大国学教育"的构想，站在大教育观的高度来审视学校的校本课程，将"国学启蒙教育""孝心教育""剪纸"等多项传统文化课程进行丰富和优化，力求在校本课程建设方面有所突破。

3. 发展期（2018—2024）

2016年，教育部发布了"中国学生发展核心素养体系"。2017年，新高考开启。2022年，新课标颁布。"核心素养"是本轮课程改革的关键、源头和风向标，是指学生应具备的能够适应终身发展和社会发展需要的必备品格和关键能力。大明湖小学提出建构"养正育能"课程育人体系的设想：高起点谋划和定位学校课程建设目标，加强课程体系的顶层设计，在"养正育能，厚德一生"的统领下，将国家、地方、学校课程进行整合提升，以"品德与社会、人文与科学、体育与健康、艺术与审美、劳动与实践"五个维度的领域课程群和"基础、拓展、研究"三个层次的进阶式课型为实施框架，扎实推进国家课程的校本化实施，强化三级课程的整合性研究，持续深入和推进学校课程建设的改革与发展。

（二）大明湖小学课程建设研究的目标

1. 总体目标

顺应国家推行基础教育的政策导向，全面落实《义务教育课程方案（2022

年版）》需求，基于新时期大明湖小学课程建设实际需要，构建"一核五维三类"的"养正育能"课程育人体系，培养有理想、有本领、有担当，德智体美劳全面发展的时代新人。

2.具体目标

（1）聚焦立德树人，构建涵盖五大领域的"养正育能"课程育人体系

结合大明湖小学"养正育能,厚德一生"的办学理念和办学特色,构建"品德与社会""人文与科学""体育与健康""艺术与审美""劳动与实践"五大领域的课程育人体系,使大明湖小学课程更好地落实"五育"并举、"五育"融合，促进学生发展核心素养，全面落实培养德智体美劳全面发展的时代新人。

（2）聚焦核心素养落地，创新课程实施方式

在每个领域，按功能分别划分为"基础类""拓展类""研究类"三类课型，突出基础学科类国家课程，强化拓展选修类课程，提升研究实践类课程建设水平。在三大类型课程中，每一类型均通过大单元统整教学、主题任务群教学、跨学科主题学习、项目化学习等新型教学方式开展，就课堂微观操作层面实施教、学、评一体化的教学设计。

（3）聚焦核心素养教学转化，创新学生学习方式

核心素养落地的主战场在课堂。大明湖小学以各课程项目组为单位，一是统整课程内容，以整体化、情境化、深度化来进行课程设计；二是打造"自主互助、深度生成"的爱学课堂，探究"134"基本教学流程；三是开展跨学科主题教学，强化课程协同育人功能；四是促进"大课堂"学习方式的形成，利用校内外课程资源，强调特色育人载体及课程设计，通过项目化学习全面提升学生的自主学习、自我发展和自我教育的能力。

（4）基于问题驱动，促进教师专业化成长

通过课程建设改革进一步激发教师成长的内驱力，形成基于问题和课题驱动的教研新模式，让教师在实践和研究中提升课程理解、课程设计与实

施水平，进而提升教师专业发展水平。

（5）推进扁平化管理，提升大明湖小学课程建设的组织领导力

推进大明湖小学扁平化管理，提升课程实施和组织保障的水平。大明湖小学通过建立"养正育能"课程育人体系建设项目组，统领课程体系建设的设计与实施。通过定期开展主题教研、课程展示、问卷调研、反馈改进等活动，不断提升大明湖小学课程领导力和课程实施水平。

（三）"养正育能"课程育人体系的顶层设计

大明湖小学为了贯彻落实立德树人根本任务和教育部发布的"中国学生发展核心素养体系"及 2022 年版课程标准，遵循价值性、统整性、多元性、选择性、进阶性的课程建设原则，结合本校实际，围绕本校文化和特色，充分挖掘课程资源，建构了"养正育能"课程育人体系，并进行了"一核五维三类"的顶层框架设计，尽最大可能为学生提供丰富且有特色的课程。

1. "养正育能"课程育人体系建设及实施原则

一是价值性原则。价值引领是课程建设的核心目标，即以立德树人为总统领，全面落实"五育"并举，培养有理想、有本领、有担当的时代新人，同时彰显大明湖小学优秀传统文化教育特色。

二是统整性原则。在国家课程校本化实施中，遵循"统整创生"原则，以大概念统领、主题式学习等创新基础课程实施的教学范式，使国家课程的育人效应最大化。

三是多元性原则。拓展类课程关注个体差异，指向人的个性发展，实现选择多元。

四是选择性原则。拓展类课程强调开放，注重选择，释放个人潜能，从而让学生找到最佳的成长方式。

五是进阶性选择。基础类课程打基底，着眼于夯实学生的基础，提升学生的学习能力，是课程结构中的重要基石；拓展类课程重拓展和延伸，打

破学科、班级的固定界限，实行课程选修，发展学生个性特长；研究类课程强调综合，发展学生的创新能力、实践能力、必备品格和关键能力。三类课程进阶发展、共同发力，最终指向人的全面发展，培养有理想、有本领、有担当的时代新人。

2. "养正育能"课程育人体系图谱及说明

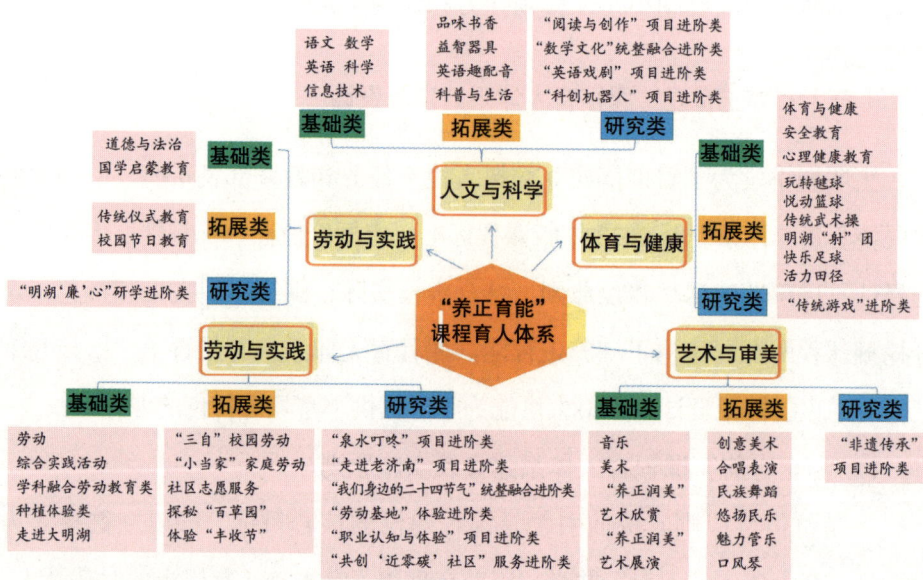

课程体系模型为"一核五维三类"。

"一个核心"，即"养正育能，厚德一生"。

"五个维度"，即涵盖"品德与社会""人文与科学""体育与健康""艺术与审美""劳动与实践"五大领域。

"品德与社会"领域：基础类有道德与法治、国学启蒙教育，拓展类有传统仪式教育、校园节日教育，研究类有"明湖'廉'心"研学进阶类课程。

"人文与科学"领域：基础类有语文、数学、英语、科学、信息技术，拓展类有品味书香、益智器具、英语趣配音、科普与生活，研究类有"阅读与创作""数学文化""英语戏剧""科创机器人"等进阶类课程。

"体育与健康"领域：基础类有体育与健康、安全教育、心理健康教育，拓展类有玩转毽球、悦动篮球、传统武术操、明湖"射"团、快乐足球、活力田径，研究类有"传统游戏"进阶类课程。

"艺术与审美"领域：基础类有音乐、美术、"养正润美"艺术欣赏、"养正润美"艺术展演，拓展类有创意美术、合唱表演、民族舞蹈、悠扬民乐、魅力管乐、口风琴，研究类有"非遗传承"进阶类课程。

"劳动与实践"领域：基础类有劳动、综合实践活动、学科融合劳动教育类、种植体验类、走进大明湖，拓展类有"三自"校园劳动、"小当家"家庭劳动、社区志愿服务、探秘"百草园"、体验"丰收节"，研究类有"泉水叮咚""走进老济南""我们身边的二十四节气""劳动基地""职业认知与体验""共创'近零碳'社区"等进阶类课程。

基础类课程，通过国家课程的功能化整合，强化问题情境设计，以大概念统整下的单元整体教学和项目化学习为依托，强调学科原理性，促进学生的原理性学习和结构化认知，使学生会思考、会学习、会解决问题，提高学习效率，真正减负提质。

拓展类课程，通过学科拓展、跨学科整合、跨学段衔接等，全面提升学生发现问题、分析问题、解决问题的能力。

研究类课程，通过长链条的项目化学习、探究性学习推进课程的统整，发展学生解决真实情境问题的能力，旨在发展学生的高阶思维、关键能力和综合素质。

（四）"养正育能"课程育人体系的实施

1. 创新基础类课程实施方式

在基础类课程实施的过程中，课堂是主阵地。课堂高效，学生才会优秀；课堂创新，学生才会创造；课堂改变，学校才会改变。

大明湖小学"养正育能"课程体系的基础类课程主要以"大概念引领下的单元整体教学"方式来实施，打造基于"自主互助、深度生成"的爱学课堂。大概念引领下的单元整体教学是《义务教育课程方案（2022年版）》倡导的课程实施方式，是发展学科核心素养的重要路径。

我们主要从以下四个步骤来实施单元整体教学：一是确定单元整体教学的支点，即找准单元大概念；二是确立单元整合教学的指挥棒，即明确单元学习目标；三是设计单元整合教学的路线图，即制订单元教学计划；四是设立单元整合的有效评价，即多元、多维促进学生发展。通过单元整体教学，学生对学习内容有了更多的期待，这源自老师对教学内容的重新设计。每个单元学习之初，老师向学生讲明该单元整合后的目标、内容、检测方式、评价指标，并及时公布"单元课程学习指导书"，让学生明确本单元的学习目标、学习内容、整合点设计意图，以学习小组为单位下发学习资料包，这样就为学生的学习提供了大量的学习引导，调动了学生学习的兴趣和积极性。

> "大概念引领下的单元整体教学"设计与实施路线图
>
> 找准单元大概念→明确单元学习目标→制订单元教学计划→设立单元整合有效评价

"大概念引领下的单元整体教学"是从单元整体推进的角度来落实"教学评一致性"的理念，落实到每一堂课，主要是通过"134"的教学流程来实施，关注学生思维的生长与发展。

"1"即学习单导学。课时学习单与课堂上的教学模块直接对应，体现导学性，是学生自主学习、合作学习、反馈总结的路线图，能够体现学习任务的结构化、整体性。

"3"即将预习、课上结构化学习、课后针对性练习这三要素串联，将碎片化的课堂学习整合成模块式的学习任务，予以推进。

"4"即"问—教—学—评"四维驱动。"问"为发动，从学生不懂的问题、需要重点探究的问题入手。"教"为引导，指在课中调动学生主动进行研讨练习，在自主、合作和探究中研究并解决问题。"学"为主体，即组织同桌的"对学"或小组的"群学"，分享学习收获。教师进行点拨导学。"评"为反馈，即教师引导学生评价学习成果，巩固学习效果。

基础类课程的实施方式强化单元整体教学，促进学生结构化认知；强化建设基于"自主学习、深度生成"的爱学课堂，通过对课堂的重构，让学生会学、能学、学好并指向深度学习，有效减轻学生课业负担，提高学业质量水平。

2. 创建拓展类课程实施方式

《义务教育课程方案（2022 年版）》明确提出义务教育课程应遵循"加强课程综合，注重关联"的原则，强调加强课程内容与学生经验、社会生活的联系，强化学科内知识整合，统筹设计综合课程和跨学科主题学习。

拓展类课程是以学科教研组为单位，开发的与学科关联度较大的课程。教师要打通学科学习与拓展类课程的通道与关联，让两者形成良性互动与互补。

在实施中，主要采用跨学科主题整合模式，以利于思维、素养双生长的"混合学习"为目标，来培养学生在真实情境中综合运用知识解决问题的能力。主要有六个步骤：确立学习主题—明晰学习目标—提出评价要求—安排学习任务—展开学习过程（观看微课、自学、小组讨论、互教互学等）—展示交流—学习小结。

跨学科学习打破了独立的学科课程边界，建立学科与学科、学科与生活之间的联系。跨学科主题整合模式使得拓展类课程能以目标、结果为导向，能以学生自学、互学为表征，能以展示交流为表现载体，使师生进入"新学习时代"。在学习中，教师基于个体的课程学习，提供给学生工具、模型和脚手架；以学生提出的问题为主轴，借助多元对话互动、反馈和导向性评价，实现学生对知识的整体把握和关键能力的提升，让学生在学科融合中形成创新意识和实践能力。

3. 创生研究类课程实施方式

"项目化学习"是研究类课程实施的主要方式。它打破了以往传统意义上的学习样态，以学科的本源性问题作为项目化学习的驱动力，引入现实生活中的情境或案例，让学生带着问题，通过学习探究来解决问题，并在此过程中建构新的知识体系，发展学科能力，提升学科素养。

大明湖小学充分利用校内外课程资源进行项目化学习，从育人目标、课程开发、学习场域、过程评价等方面搭建实施框架，设计出具有大明湖小学特色的项目化课程和项目化课程学习指导手册。如"我们身边的二十四节气""泉水叮咚""我们的节日""垃圾分身术""小贴纸大情怀""科学与膳食"等。

在项目化学习推进过程中，按"入项活动，驱动性任务—知识构建，讲解说明—能力构建，淬炼操作—选择项目，自主实践—形成成果，修订完善—展示成果，评论反馈—榜样激励，反思迁移"的步骤来开展教学。

"我们身边的二十四节气"统整融合进阶类课程，以二十四节气为时间轴线，以探秘二十四节气为驱动性任务。学生通过研究时令古诗、解读汉字、参与实践活动等，感受物候、动植物变化与节气的联系，同时在民风民俗体验、生活技能练习、科学实验尝试中，探寻了传统文化的丰富内涵，提升了解决问题和研究问题的能力。

"走进老济南"项目进阶类课程涵盖"走进大明湖""走进名泉""走进老街老巷""走近历史名人""走进民间游戏"等专题，内涵丰富，为引领学生研究老济南的风土人情提供了丰富的课程资源。课程的基本实施流程从学生视角设计，采取"我知道、我行走、我感悟"的"三步走"基本模式。学生不论"行"到哪里，"行"前都要先做研究准备。学生在老师指导下分成活动小组，制订研究方案，做好查阅资料、了解景点、调查路线等工作。"行"中做好实地考察，做好观看、欣赏、拍照、记录、解说等工作，找准景点的风光特点或历史典故。"行"后做好研究总结。学生以研究报告、交流沙龙等形式呈现学习收获，全面提升了学生研究问题的水平和解决问题的能力。

（五）"养正育能"课程育人体系的评价

1. 评价内容

大明湖小学创建"七星评价体系"，从学生的品德、习惯、能力等方面进行全面综合评价，让评价系统更完善。主要内容是修身星（品德与社会领域）、智博星（人文与科学领域）、健将星（体育与健康领域）、才艺星（艺术与审美领域）、劳动星（劳动与实践领域）、共进星（交流与合作能力）、创新星（创新精神与实践能力）等七星评价体系。其中，学生的基础素养主要通过大明湖小学课程体系中的"品德与社会""人文与科学""体育与健康""艺术与审美""劳动与实践"体现，在评价中通过修身星、智博星、健将星、才艺星、劳动星来评价。学生关键能力中的"核心"被我们界定为创新能力与合作能力，分别通过创新星与共进星进行评价。

在具体操作的过程中，以教学评一致性和学业质量水平来落实基础类课程的评价；以"七星评价体系"来实现拓展、研究类课程的评价，指向学生运用多学科知识解决真实问题的能力。

2. 评价方式

评价的目的不仅是了解学生实现课程目标的程度，更重要的是检验和改进学生的学习和教师的教学。实施评价采用多种评价方式，注意教师的评价、家长的评价、学生的自我评价与学生间互相评价相结合。在评价时尊重学生的个体差异，促进每个学生的健康发展。

（1）自我评价，及时反思

以学生为主体，立足参与活动的情感体验为主，从是否能较好地与人合作、自己的作品是否有创意、学习过程中是否能积极参与等三个方面进行量化评价。

（2）相互评价，共同提高

以小组为单位，学生进行相互间的评价，从是否积极参与小组活动、是否为小组出谋划策、是否为小组学习提供有力支持等三个方面进行量化评价。

（3）教师评价，示范引领

教师引导学生进行自评和互评，在学生自评、互评的基础上，对学生完成的情况进行综合评价。主要针对学生在学习过程中的学习习惯、合作意识、科学态度、学习毅力等方面进行评价。

（4）家庭评价，有效反馈

对于家庭参与性实践活动，教师要争取家长的配合，让家长对学生在课外、家中表现给予综合量化评价，这样便于教师全面了解学生，从而有的放矢地进行教育。

（5）社会评价，增强效应

利用项目展示、成果评比等活动，对于学习成果在恰当范围内宣传和表彰，并把社会评价及时反馈给学生，使他们有更大的成就感；让学生参与公益性活动，得到社会的肯定。

3.评价结果的使用

教育教学就应该基于人的幸福，基于人的成长，符合教育的基本规律，符合时代发展的基本要求，真正体现对人的尊重，获取人的全面发展。大明湖小学每学期为每名学生建立体现成长进步的"七星评价"集章手册，让评价做到了全面、及时、客观、公正。

（1）可持续发展的多维评价，促进学生主动全面发展

基于学生核心素养提升的课程评价，是"全面发展的人"教育理念在现实中落地生根的有力支撑，是学生生命活力的激发与展现。教师通过及时向学生反馈"七星评价"集章评价结果，积极促进学生不断改进学习方式，让自主、合作、探究学习成为主要的学习方式，让学生将提升的重点落脚到适应终身发展和社会发展需要的关键能力与必备品格的提升上。评价的全面、多维，促使学生不仅关注学业成绩，同时关注各种征文、绘画、体育比赛等，更关注学习过程中学习品质的提升。这为学生成长提供更大、更广、

更深的发展空间，让学生的核心素养发展落地生根。

（2）可持续发展的多维评价，促进教师不断改善教学

在实施可持续发展多维评价的过程中，教师不断更新教育观念，深化学生的成长比成绩更重要的教育理念。强调教师对自己教学行为的分析与反思，建立以教师自评为主，校长、教师、学生、家长共同参与的评价制度，使教师从多种渠道获得信息，不断提高教学水平。在深入分析评价反馈后，教师要不断开展教育教学研究，调整教学内容，变革课堂教学方式，让学生始终站在学习的中心。

（3）可持续发展的多维评价，促进学校课程体系不断完善

学校将周期性地对学校课程执行的情况、课程实施中的问题进行分析评估，调整课程内容、改进教学管理，形成课程不断革新的机制。在课程改革与实践中，让学校拥有宽广视野以及深厚底蕴，让师生拥有自信、阳光的心态，尽享课程实施的精彩！

四 "养正育能"课程育人体系的保障

（一）课程建设与实施的领导力及组织保障

大明湖小学成立"养正育能"课程育人体系建构与实施项目组，由高校专家、教研员、业务领导及骨干教师组成。通过专家的专业引领，学校研究和借鉴先进学校的经验，坚持立德树人的根本导向，聚焦"为谁培养人，培养什么人，怎样培养人"的核心问题，结合时代教育需求，从地域实际出发，确立了"养正育能，厚德一生"的核心理念，建构了指向"五育"融合的课程育人体系。在课程育人体系研究与实施的过程中，由课程专家、学校课程建设项目组、骨干教师组成的三级课程领导与实施系统各司其职，协同发力，推进了课程建设的深度实施，让立德树人在学生身上真实发生。

课程专家项目组：在学校课程理念、课程架构与实施、项目化学习推进、

课程评价等方面,大明湖小学聘请齐鲁师范学院李红婷教授、历下区教体局教研室殷崇主任、历下区教体局教科室谢群主任、历下区教体局教科室乔斌老师定时到校指导,在课程实践和理论研究的全过程中,给予跟踪指导,明确方向,解决实际问题。

综合协调组:由校长王延贞牵头,制订大明湖小学"养正育能"课程育人体系实施方案,充分听取专家、教师、家长意见,结合学校实际情况,研究制订切实可行的课程规划,建立健全各项管理制度,积极推进课程规划的实施工作。

"五大领域"课程模块项目组:由郭骏、李宏、李鹏、刘雅婧、孙俊、王海兰、孙欣、苏道东组成,具体负责不同领域基础类、拓展类、研究类课程的开发与实施。

"七星"集章评价项目组:由李宏、李鹏、郭骏、刘雅婧、郭亚楠组成,具体完善"集章进阶"激励机制。

(二)制度与运行机制的保障

大明湖小学制定《课程建设方案》《师资队伍建设方案》《管理队伍建设方案》《校本课程开发方案》以及相关管理制度,以项目管理的方式,促进创建工作有条不紊地开展。大明湖小学项目组主要是从全局来把握学校课程实施,通过教学规程、教研制度、听评课制度的落实,考查课程方案的合理性、教师素质对当前课程的适应性、课程实施对学生的影响等。教师主要从教学的角度来研究课程实施,其研究的问题主要有课程内容的组织、课程的整合、教学方案的设计、探究性与合作性学习的效果、教与学的方法、学情的诊断等。

(三)课题引领与任务驱动保障

以课题引领,规范课程建设工作落地。从建构论证、概念界定、研究实施、问题驱动、任务分解、评价导向、成果提升等方面,加大科研推进力度,帮助教师更新观念，优化研究策略，搭建家校社和谐共育机制，为课程建设工作指明方向。现已经成功立项市级课题"'养正育能'优秀传统文化课程体系的创新建设与实践研究"，为课程规划的实施提供了前瞻性平台，实现课程实践与课题研究一体化、规范化、序列化发展。

（四）教师专业成长提升的机制保障

一是以名师工程为动力，打造专家团队。大明湖小学结合"历下名师"培养工程，推出学校的骨干教师成为"历下名师"培养工程的培养对象，在更高的平台学习、历练，引领教师循着"学习型教师—发展型教师—研究型教师"的轨迹成长，努力成为独具特色的名师。

二是以名师工作室为载体，开展师徒帮教结对活动。积极发挥名师的专业引领、课题攻关和典型辐射作用，引领广大教师尽快成长。

三是以"四个一"活动为载体，激活教师专业成长的内生力。大明湖小学启动以"单元整体教学、单元整合作业、跨（单）学科项目化学习、命制核心素养试卷"为主要内容的教师提升"四个一"活动。

（五）平台搭建保障

大明湖小学搭建多元展示提升平台，保障课程建设工作的有效实施。如校园文化建设凸显养正元素；课题研究、单元整体教学、项目化学习成果展示交流平台，实现理念引领与智慧共享；"互联网＋"打破时空限制，使学习、展示、交流更加丰富。

五 成果与体会

（一）"养正育能"课程育人体系构建主旨创新

"养正育能"课程育人体系的构建主旨是"养正＋育能"。该课程体系旨在提升学生道德情操，培养学生良好行为规范，突出"养正"；旨在发展学生综合素质，激发学生成长内驱力，突出"育能"。

（二）"养正育能"课程育人体系实施方式创新

大明湖小学按照现代教育课程的理念和模式进行国家课程、地方课程、学校课程的资源重构和实施创新。一是课程统整实现了融合创新，打破了学科之间的壁垒。二是项目化、研究式的学习方式能够在核心主题的引领下，通过跨学科学习，融合学习内容，拓宽学习渠道，发展学生解决问题的综合能力。

（三）"养正育能"课程育人体系有效落实"整体育人"办学思想

"整体育人"就是以育人为根本价值取向，统整大明湖小学内部和外部各方面要素，实现课程育人、活动育人、环境育人等全员参与、全方位实施、全过程育人的机制，使之在课程体系的落实上保持协同性，在课程实施空间上保持一致性，在课程实施时间上保持连续性，以达成课程体系的整体优化，从而全方位、立体化、综合性地发挥育人整体功能和效益。

（四）"养正育能"课程育人体系促进学校、师生共同成长

"养正育能"课程育人体系的实施促进了学生发展，使学生在德智体美劳方面得到了长足的进步，得到了家长、社会各界的高度反馈与赞赏。据调查，小学六年"养正育能"教育的滋养，不仅为学生的成长打下了坚实的人文基础，还让他们学习了本领。

"养正育能"课程育人体系的实施也实现了教师的专业化发展，使得"因材施教""诲人不倦"的教育大爱得以回归。大明湖小学带领教师建立的学校、家长、社会三位一体育人网络，重视与家长、社区的沟通，深挖校外教育资源，营造携手共育的良好教育生态，有效提升学校的办学品质，得到家长、

社会的广泛认可。

六 未来发展方向

（一）分解总目标，制订学段育人标准

大明湖小学确定了"养正育能，厚德一生"的课程体系核心理念以及"修德、博学、赋能、笃行"的学生培养目标。不同的学段，培养目标的内涵也应有所不同。接下来，大明湖小学将把总的育人目标分解为学段育人目标，采取自下而上、专家参与、共同讨论的方式来制订学段育人标准。

（二）基于核心素养的课程实施

一是打破学校和社会界限，实施研究类课程。大明湖小学将课程具体开发和实施的权力下放到每个年级。各年级围绕"走进老济南""我们身边的二十四节气"等主题研发适合本年级学生的研究类课程，将学校和社会联系起来，打破学校和社会的界限，通过"社会"这个支点，培养学生的必备品格和关键能力。

二是打破单一的课程形态，实施拓展类课程。大明湖小学引入社会资源，聘请专业教师给学生上课；带领孩子走出校门，到社会专业机构上课，丰富学生的体验。

三是深入开展项目化学习，实施研究类课程。根据项目主题，教师与学生共同开展头脑风暴，建立学科之间的联系。学生根据各自选择的任务，组建项目组，制订实施方案，开展实地调研和研究讨论，最后以多样的项目成果展示方式进行交流。学生的计划、协作以及解决问题的能力将得到充分的锻炼。

（三）基于核心素养的大明湖小学组织变革

大明湖小学课程体系的深入实施必须通过扁平化的管理来实现。下一

步，大明湖小学将实施年级组管理，管理层的干部全部到各年级组负责年级的全面工作。年级组内实行项目负责制，每位教师在年级组内既是领导者又是被领导者。教师不再被动地完成任务，而是作为研究者去主动思考、实践。

"项目负责制"的实施要从以下几方面开展：一是重视顶层设计，各项目组的课程计划要明确育人目标，知道为什么做，然后再设计路线图和时间表；二是重视路径规划，各项目组在课程实施过程中要有周计划，有明确的工作任务及分工，主动谋划和推进项目组的各项工作；三是重视过程分享，在学校的每月全体教师会上，团队把一个月的课程实施通过 PPT、微视频等方式进行分享。实施"项目负责制"的目标是，让每一位教师寻找到自己在学校里的角色感，形成积极向上的学校文化，实现学科教师之间的跨界合作，共同服务于每一个学生的成长。

在大明湖小学课程建设深入推进的过程中，我们逐渐认识到：大明湖小学课程建设不是简单地做加法，而是围绕办学理念把国家课程、地方课程和校本课程有机整合成具有大明湖小学特色的课程体系。未来，我们将基于"养正育能"课程育人体系建设，把学校文化、课堂教学改革、教师发展、学生发展深度整合在一起，助力大明湖小学的内涵发展和特色彰显，让每一个学生享受成长的快乐和成功的喜悦。

基于办学理念下"养正育能"课程体系的整合初探

王延贞　郭　骏　李　宏

在课程改革的过程中，怎样将国家课程、地方课程与学校课程有机整合，形成独特的课程文化是学校特色建设的必由之路。在办学理念的引领下，大明湖小学确定国家课程、地方课程与学校课程融合发展的思路，不再局限于一门精品课程的建设，也不着眼于某一校本课程的多次开发，而是在深入研究办学实际的基础上，围绕办学理念和文化特色，进行整体课程体系的综合建构。

一　课程整合的缘由

（一）国家课程校本化实施是新课程改革的本质要求

基础教育改革以"为了每一个学生的发展"为核心理念，在课程建设方面体现为尊重学校差异和学生个性特点。国家课程的校本化实施是对国家课程在学校层面的再加工，是构建适合学校性质、特点和需要的国家课程具体形态的动态过程。

（二）开放与包容是未来课程体系建设的基本特点

学校课程的发展逐渐由单一走向多元，由封闭走向开放。大明湖小学力图通过国家课程、地方课程与学校课程的整合，减少学科门类，强调学科间的联系、重组和优化，使各学科相互包容，取长补短，增强课程体系的选择性和多样化。

（三）课程整合是学校特色建设的重要内容

新课程改革赋予了学校课程建设的权利。大明湖小学将结合自身特点，开展个性化课程实施，对各学科进行有机整合，通过课程建设形成独特的教风、学风，使学校走向内涵发展、特色发展之路。

二　课程整合的思路——立足学校文化，践行办学理念

大明湖小学地处老城区，有着优秀的传统，历来重视学生健全人格的教育，坚持"尊重儿童天性，培养健全人格"的办学理念。尊重学生就要从学生的角度思考并选择有效的教育教学方式，从而适应学生的成长和发育，培养学生健全的人格。这是我们教育的出发点和落脚点。在办学理念的引领下，大明湖小学将对国家课程、地方课程与学校课程进行整体规划，优化课程结构，使课程整合成为学校教育教学质量新的增长点，践行"尊重儿童天性，培养健全人格"的办学理念。

三　课程整合的构想——特色与多元

课程整合是指分化了的知识体系经过加工、创造，形成有机联系，成为整体的过程。这可以从两方面理解：一是指以办学理念和特色文化为指导，统整课程结构的过程；二是指同一学科内容之间或不同学科之间课程目标、课程内容、学习方法等的整合。

依据办学理念和文化特色，精心设计了"五大领域"的课程结构，分别涉及人文素养、健康艺术、思维发展、研究拓展、国际视野。为什么要对课程体系进行这样的架构和划分呢？这是根据大明湖小学自身的办学实践

以及未来发展目标确定的。大明湖小学的课程门类日益丰富，教师的课程创造能力不断增强。在这样的背景下，将课程进行整合、划分，能明确每一门课程的设计定位，更好地实现课程结构的优化和提升。"五大领域"作为学校课程体系的基本架构，在坚持学生主体意识和特色意识的基础上，整合了现有的国家课程、地方课程、学校课程、兴趣小组，其目标指向"尊重儿童天性，培养健全人格"。

（一）整合课程资源，实现课程内容的优化和丰富

这次拟推行的课程整合是与我们前一阶段的"大国学教育"一脉相承的。大明湖小学于2008年就确立了"大国学教育思想的实践与构想"这一课题，以校本课程开发为载体，通过开设"国学启蒙教育""孝心教育""剪纸""书法""中医中药""围棋"等校本课程，促进了学生的全面发展，也为下一步进行课程整合奠定了基础。

1. 人文素养领域

（1）"语文""传统文化"与"国学启蒙教育"水乳交融

将进一步探索语文学科、传统文化与国学学科的融合，把国学教育延伸到语文学科，通过语文与国学的有机结合，提升语文教育的品质，发挥国学学以致用的功能，实现国学与语文教育的双赢，充分挖掘中华优秀传统文化在塑造学生健全人格方面的巨大价值。

（2）"民风民俗"和"品德与社会"相得益彰

学校课程"民风民俗"正契合"品德与社会"融品德教育、历史文化、国情教育、地理和环境教育为一体的课程特点。两者的融合，旨在让学生获得参与研究、社会实践的体验，激发他们对社会的兴趣，培养他们对社会及家乡的责任感、齐鲁儿女的自豪感，树立他们建设美好家乡的理想。

2. 健康艺术领域

（1）"书法""剪纸"绽放"美术"课堂

大明湖小学将根据美术课程的基本特点，使其与学校课程中的"书法""剪纸"相融合，力争体现民族文化与现代文化。书法、剪纸与美术的完美结合，引领学生在笔墨的起承转合中感受艺术的博大精深，在"一剪巧夺天工来"的体验中感受独具中国特色的美育课程。

（2）"中医中药"走进"体育与健康"

"体育与健康"强调综合性，强调以体育与健康学习为主，融合健康行为与生活方式、疾病预防等知识和技能的学习。将"中医中药"与"体育与健康"整合，旨在向学生传授中医经络理论的小常识，丰富体育与健康的课程内容和形式，促进学生身心全面发展。

3. 思维发展领域

"围棋"与"数学"再掀头脑风暴。围棋是古代知识分子修身养性的必修课，为"琴棋书画"四艺之一，也被称为"思维体操"。今后的数学课堂将与围棋课联结，以促进学生思维的全面提升和发展。

4. 研究拓展领域

"综合实践活动""环境教育""安全教育"课程的有效载体是"走进老济南"。

荷香四溢，泉韵悠长。随着社会的不断发展，承载着济南悠久历史的老城文化渐渐被人们重视。大明湖小学地处老城区，对于研究老济南的风土人情有着得天独厚的条件。希望借助"走进老济南"这一课程，引领学生了解、关注老济南，并使其成为大明湖小学实施综合实践活动课程的有效载体。

综合实践活动课倡导向儿童经验和生活回归，倡导主题研究与设计活动相结合，重视学生社会经验的获得和实践能力的形成。这正与学校课程"走进老济南"的设计理念不谋而合。两门课程的融合之路也是水到渠成。

"走进老济南"共分五大板块，分别是"走进大明湖""走近历史名人""走进老街老巷""走进名泉""走进民间游戏"。拟在学校中、高年级进行试点，每学期完成 2~3 个板块的研究。

①丰富的课程内容

A. 走进大明湖

大明湖历史悠久，景色秀美，名胜古迹众多，具备丰富的学习资源。学生可以在进行相关的书面学习后，走进大明湖，实地考察，积累资料，丰富见闻，获得社会经验和实践能力。

B. 走近历史名人

济南历史上的名人可谓灿若群星，如唐代的秦琼，宋代的李清照、辛弃疾，元代的张养浩，明代的李开先，现代的任继愈、韩美林……我们准备引领学生走近历史名人，感悟他们跌宕的人生、喷薄的才华，学习他们的优秀品质，形成健全人格。

C. 走进老街老巷

学校附近的老街巷便是《老残游记》中盛赞的"比那江南风景，觉得更为有趣"的地方。街巷往复深幽，曲水潺潺，有夹道绿荫，有别致亭台，有高墙府衙，有名人故居。学生漫步其中，寻幽探古，既可了解它们的历史，又可探索保护、开发老街巷的措施。

D. 走进名泉

遍布老城的泉水以其众多的泉眼、优异的水质，以及壮观的喷涌景象，散发出迷人的魅力。希望学生通过搜集资料，了解"泉之因"，知晓泉水的形成过程；爱泉护泉，以实际行动落实环境教育；走出校门，拿起相机，亲身体验"泉之美"；吟咏"泉之颂"，通过诵读"云雾润蒸华不注，波涛声震大明湖""鸟飞云锦千层外，人在丹青万幅中"等歌咏泉水风物的诗句，感悟泉文化独特的魅力。

E. 走进民间游戏

民间游戏内容丰富、流传广泛。期望学生在玩中学、学中玩，通过"杠老杠""踢毽子""滚铁环"等民间游戏，了解民风民俗，提高身体素质，培养团结合作的意识，形成积极、开朗、自信的性格。

②体现"综合"与"实践"的课程实施

A. 研究准备阶段

在老师的指导下，分成活动小组，确定研究方向，交流最感兴趣的问题。

我最感兴趣的是

1._____

2._____

3._____

B. 研究实施阶段

"走进老济南"综合实践活动研究方案

主题名称		研究时间	
		指导老师	
研究的方向	"走进老济南"五大板块之一（依据教学进度而定）		
研究的问题	如： 1. 老街巷名称的由来 2. 老街巷中的古建筑 ……		
小组成员分工			
研究活动目标			
研究方法	收集、整理资料 访问与考察 ……		
研究步骤	1. 2.		
需要注意的问题	1. 2.		
预期的研究成果			

以"走进老街老巷"专题为例，教师先引导学生查阅资料，初步了解老街巷的具体位置、相关介绍、历史文化等。

接着，教师带领学生进行实地考察，了解老街巷的古建筑、历史风貌等。鼓励学生用文字记录、DV拍摄等多种方式记录采访过程。教师充分发挥指导和点拨作用。

最后，学生进行汇报展示。可以谈研究体会；可以把整理的资料做成幻灯片，配合讲解；也可用讲故事的方式向大家娓娓道来。

大明湖小学将建立"走进老济南"资料库，进一步丰富相关书籍、文献；在班级博客上，不断更新电子资料；定期举办专家讲座……力求使资料库成为学生研究的源头活水。

C.总结评价阶段

评价的目的是检验和改进教师和学生在"走进老济南"综合实践活动中教与学的情况，将以鼓励、表扬为主，综合采用教师评价、家长评价、学生自我评价等多种方式，有效地促进学生的发展。

学生自我评价表

评价项目	完成情况	评价标记（√）
对研究专题的了解	大概知道一些	
	对所研究专题有全面、深入的了解	
采访活动中的表现	我是听众，没有参与采访	
	我采访了长辈、专家，锻炼了自己	
在收集资料时的表现	不知道去哪里收集资料	
	通过网络、图书馆找到了一些相关资料	
	不仅找到了相关的书面资料，还进行了实地考察、采访	
在汇报展示中的表现	参加了展示活动	
	参加了展示活动，前期做了准备，在展示中完成了自己承担的任务	
	参加了展示活动，前期准备充分，能够参与活动策划，展示后及时总结了观点与感受	
在这次研究活动中，我已经做到		
我还想做到		

5.国际视野领域

（1）英语电影课

准备开设英语电影课，以电影为载体进行英语听说教学有以下好处：在声像结合的情境中学习语言，在最好的教学课件辅助下学习语言，在地道的语言模仿中学习语言，在生活体验中学习语言，在艺术享受中学习语言，在文化熏陶中学习语言，在语言学习中渗透德性教育，在语言学习中培养学习兴趣，在语言学习中开发多元智能，在语言学习中促进师生共同成长。

以文化为主轴，以语言为基础，以艺术为升华，通过电影模拟真实的语境，培养具有国际视野、人文素养和健全人格的学生。

（2）游学活动

大明湖小学已与韩国仁川沙利初等学校缔结为友好学校。下一步，将以游学活动为载体，以学生的游学实践经历为资源，进行"国际视野"的教育。

（二）改革教学模式，实现课程实施多样化

随着课程资源的整合，课程的实施形式也应多样化，为学生的可持续发展注入无穷的活力。在课程实施中，将改变原来单一的课程组织方式，建议采取"师生互动课""聆听讲座""实践采访"等多种形式。综合学习、实践学习、参与学习、生活学习、探究学习等都将成为我们校园学习的主旋律。

（三）加强德育课程与品牌活动的整合，实现课程形式灵活多样

德育课程以"孝心教育"和"习惯养成教育"为重点，以塑造学生健全人格为目标，紧密结合品牌活动，寓教于乐，以实现课程形式的灵活多样。

扎实推进感悟孝道系列活动，倾力挖掘深厚的孝文化资源，使学生逐渐形成良好的道德情操和行为习惯，落实德育课程的育人目标。

1. 中华母亲节

农历四月初二为孟子诞辰。大明湖小学在全市率先开展"中华母亲节"活动，让学生以实际行动回报父母的爱，把爱的种子深植于内心。大明湖小学已成功举办了十四届"中华母亲节"活动。每一届主题不同，形式多样。今后，大明湖小学将逐渐丰富这一活动，让德育课程真正走进学生生活，滋养学生心灵。

2. 亲子诵读，共享经典

大明湖小学将开展"亲子诵读，共享经典"活动，以"孝心教育"为目的，以诵读经典为载体，通过亲子诵读的形式，实现启迪心智、陶冶品行、健全人格的目标。

大明湖小学将根据学生的学段特点，确定亲子诵读的范围和篇目。在"六一"儿童节前后，举办"亲子诵读，共享经典"展演活动。届时，家长和学生将一起走上舞台展示风采。节目形式力求丰富多彩、喜闻乐见，如舞台剧、配乐诵读等，也可融入书法、歌舞、民乐等元素，增加亲子诵读的趣味。

大明湖小学将在对学生进行孝心教育的同时，提升家庭教育的质量。通过专家讲堂、家长开讲座的方式给广大家长提供教育资讯，交流教育经验，提升家庭教育的质量。

"习惯养成"是大明湖小学德育课程和品牌活动的另一重要主题。习惯决定性格，性格决定命运。性格是人格的组成部分。抓住少年儿童身心迅速发展和可塑性强的特点，积极探索养成教育的规律，试着走出规范引路、训练养成、活动促进、力求实效的好路子。

3. 推行《明湖 50 个好习惯》

大明湖小学组织编写好习惯养成手册——《明湖 50 个好习惯》，涵盖学习、思维、行为三大方面，涉及学生生活、学习、做人做事的方方面面。通过引导学生学习领悟，实践养成，逐步养成好习惯。

4. 开笔礼

开笔礼，是中国传统中对少儿开始识字、习礼的启蒙教育形式。"礼"的教育内涵丰富，习惯养成也蕴含在其中。每当新生入校时，大明湖小学会举行开笔礼。由启蒙老师讲授人生最基本、最简单的道理，并教读书、写字，参观府学文庙。希望借此活动，让学生在学会做人、做事的道路上迈出坚实的第一步。

5. 成童礼

习惯养成不是一日促成的，而是长期在良好文化氛围的熏染、陶冶、涵养中形成的。为了让孩子"懂得感恩，学会做人"，大明湖小学将组织六年级毕业生在文庙举行"成童礼"，既弘扬传统文化，又融入成人、做事的养成教育，引领学生向风华少年迈出可喜的一步。

品牌活动为学校的德育课程注入了新鲜的血液，能使其焕发更为耀眼的光彩和活力，也为德育课程的实施搭建了灵活多样的展示平台，必将大力推进学生道德修养的提升和习惯的养成。

国家课程、地方课程与学校课程的整合为学校的发展、学生的发展勾画了一幅波澜壮阔的美好蓝图。我们希望每一名从大明湖小学走出去的学生都是具有健全人格的合格小公民。

中华优秀传统文化融入衔接课程

——大明湖小学"养正育能"幼小衔接一体化课程

刘雅婧

中华优秀传统文化源远流长，特别是儒家思想流派对我国乃至世界的影响尤为深远。国家强调中小学教育必须加强中华优秀传统文化教育，给未来的每一个公民打下中华文化的根基，烙上"中华文化标识"。2014年，教育部印发《完善中华优秀传统文化教育指导纲要》，明确要求把中华优秀传统文化教育系统融入课程和教材体系。

幼儿在萌芽初期对优秀传统文化的学习和认知感，能为孩子将来的学习打下坚实的基础。2021年，教育部发布《关于大力推进幼儿园与小学科学衔接的指导意见》。2022年，济南市出台《关于实施基础教育全学段衔接 "泉引桥"工程的指导意见（试行）》。大明湖小学秉承"养正育能，厚德一生"的办学理念，创建了"养正育能"幼小衔接一体化课程。

一 秉承原则，衔接课程有维度

大明湖小学在全面贯彻指导意见的基础上，围绕着"衔接什么"和"怎样衔接"等问题，按照"突出一个中心、抓牢两条主线、做好三个课程、推进四维一体"的研究思路，不断推进课程的建构和开发。"一个中心"即"以学生的学为中心"；"两条主线"即建构"养正育能"学科衔接课程和主题衔接课程;"四维一体"即从身心、生活、社会和学习四个维度着力,以"身心健、习惯好、学力强"为目标,创建凸显学校特色和符合校情的"养正育能"幼小衔接一体化课程。该课程内容包括学科课程、身心课程和习惯课程三部分。

二 立足发展,衔接自然有定位

大明湖小学依据衔接工作指导意见,依托中华优秀传统文化的深厚底蕴,在课程实施方面立足学生持续发展的需求,努力在情趣、习惯的养成和品格、素养的塑造方面,做到衔之自然、接之无缝。

1. 诗文诵读,浸润心田

《三字经》《笠翁对韵》《声律启蒙》《唐诗三百首》等是学龄前儿童的启蒙读物,许多孩子都能朗朗上口。大明湖小学依托现有学科教材,运用创设情境、角色扮演等策略营造诵读氛围,开展多元教学活动吸引一年级学生的注意力,让他们在诵读中爱上中国的汉字与诗文。这样既能培养孩子的传统文化素养,又能锻炼孩子的记忆力、语言表达能力。更重要的是,诗文诵读能使学生和圣贤为友,与经典同行,在潜移默化中养成开朗的性格、自信的人格和诚信的品质。

2. 经典故事,启智明理

衔接课程中的"身心课程"是大明湖小学针对入学新生的身心特点和发展需求创建的,在幼小衔接工作中举足轻重。为了让这两门课程很好地落地,大明湖小学创编了《"养正育能"衔接课程学生手册》(以下简称《衔接手册》)。

《衔接手册》中的"结识朋友"一课,从了解俞伯牙和钟子期的传统故事入手,到"画一画我的朋友""说一说怎样与朋友相处",最后设计的"分享日"环节让学生在分享中学会真诚待人,获得团体认同,树立自信心,尽快融入集体。

大明湖小学多年坚持国学文化的传承。"亲近老师""古礼新风"是"开笔礼"启蒙课程。该课程引领学生了解"至圣先师——孔子"和"尊师重教——程门立雪"的故事，以"开笔启智慧 弘扬礼文化"为主题开展活动。"正衣冠—拜师—朱砂启智—启蒙描红—击鼓鸣志"五个颇具传统意义的环节，让学生不仅感受到了传统文化的魅力，还在浓浓的仪式感下诵读《弟子规》、启蒙写"人"字，从小立下笃志好学、奋发向上的志向。

"感恩父母"则是通过"孝"的由来、关于"孝"的经典故事以及《游子吟》的学习，传承中华"孝道"之理，铭记父母之恩。

3. 习惯养成，传承美德

我们按照儿童身心发展特点和认知规律，开发了"养正塑形"习惯课程。该课程包括"爱上好习惯（学习篇）""爱上好习惯（行为篇）""作息有序""爱劳动，会自理""安全记心间"五个课例。习惯课程的创编，充分蕴含了中华传统文化中的精髓。

课程通过让学生阅读"悬梁刺股""凿壁偷光""囊萤映雪"等绘本故事，激励学生勤奋好学，不畏艰难困苦，让学生明白只有努力学习，才能取得成功。

在"孔融让梨""神来之笔""曾子避席"等耳熟能详的圣贤故事中，学生领会到要懂得谦让，要勤奋刻苦、尊敬师长等道理。这些故事都是中华优秀传统文化中的瑰宝，值得我们学习和传承。

习惯课程的实施主要以主题课程的形式开展。

"我会上课"主题课程，通过学生喜欢的律动儿歌、拍手游戏，引导学生做好课前准备和掌握正确的"听说读写"学习规范。

"我会站队"主题课程，利用体育与游戏课，通过感悟—体验—练习的渐进式推进，引导学生在游戏中建立规则意识和纪律意识。

"我能自理"主题课程，是以"自理小达人"评选为驱动性任务，引领学生通过项目化学习与实践，初步养成良好的生活习惯。

"我爱劳动"主题课程，以家校协同共育为切入点，在习得劳动技能的前提下，通过学校值日和家务实践的形式，双管齐下，共同引领学生学习劳动技能，初步养成爱劳动的好习惯。

"我讲美德"主题课程，通过童话故事、身边小事，让学生入情入景，引发积极的道德情感和体验。

"我懂安全"主题课程，主要通过绘本阅读、实地参观和模拟演练等方式，帮助学生学会安全避险，增强安全意识。

三 关注发展，合理评价有尺度

教育的意义在于引导和促进学生的发展和完善，评价亦如此。

对于一年级的学生，科学合理地使用好评价，更多地体现在对学生的关注和关怀上。教师要用评价发现学生的潜能，发挥学生的特长，了解学生的发展需求，帮助学生认识自我，建立自信。

第一，多维评价更精准。我们采用日评价的形式，对"我会上课"的评价内容进行细化。通过"我会听""我会说""我会写""我会做""我会赞"的一系列奖章卡，及时肯定和鼓励学生在学习习惯养成方面的进步。

第二，特色评价更有趣。针对主题课程学习，采用周评价的形式，设计有趣的评价指标，从"我能自理""我讲美德""我爱劳动""我懂安全"四方面进行评比，提升学生的自理能力，增强学生独立解决问题的能力。

第三，进阶评价助成长。综合运用学生自评、教师评价（教师寄语）和家长评价（家长寄语）三种方式，注重评价的进阶和发展。学校以"奖章奖励"为载体，汇总奖章的获得情况，最后授予不同的荣誉。

中华优秀传统文化绵延数千年，大而弥德，久而弥新，有极强的生命力和独特的教育价值。我们要挖掘中华优秀传统文化中蕴含的教育资源，在"养正育能"幼小衔接的课程建设中，衔而有道，接之有方，让中华优秀传统文化成为浸润学生成长的精神源泉。

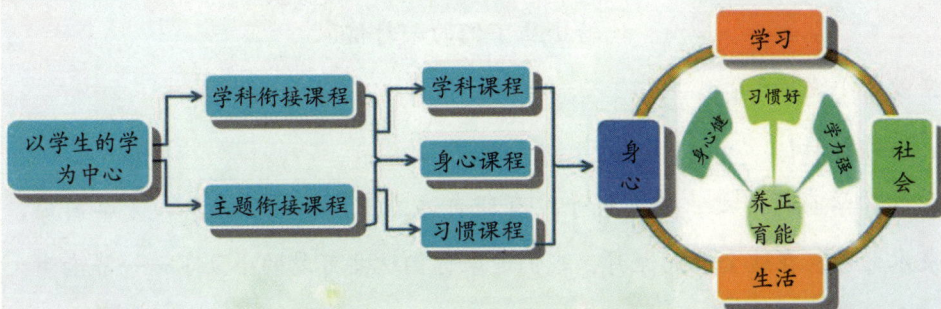

一个中心　两条主线　三个课程　四维一体

"养正育能"衔接课程

学生手册

班级：＿＿＿年级＿＿＿班

姓名：＿＿＿＿＿＿＿＿＿

济南市大明湖小学

附：

给小豆丁们的一封信

亲爱的小豆丁们：

你们好！

"学而时习之，不亦说乎？有朋自远方来，不亦乐乎？"芳草茵茵，泉水之畔，在这金色的九月，我们迎来你们这些可爱的小豆丁——济南市大明湖小学一年级小朋友，先给你们一个大大的拥抱吧！在大明湖小学这个温馨的大家庭里，我们将告别童话般的幼儿园生活，开启一段更加幸福快乐、朝气蓬勃的新生活。大家做好准备了吗？

为了帮助大家顺利地适应小学生活，学校为大家开发了"开笔启智慧，弘扬礼文化"入学课程。该课程分为"认识学校""亲近老师""结识朋友""作息有序""文明守礼""感恩父母""古礼新风"七个板块。在课程学习中，我们将领略中华上下五千年璀璨的文化，养成良好的生活习惯、学习习惯。尤其是在"开笔礼"活动中，我们将一起礼拜先师，书写"人"字，朱砂启智，击鼓明志。在破蒙开悟的古礼中，争做爱众亲仁、乐学笃行的明湖好少年！

"学不可以已。不积跬步，无以至千里；不积小流，无以成江海。"孩子们，从此刻开始，你们已成为一名光荣的小学生了。让我们拉着你们的小手，迎着朝阳，快乐前行吧！

爱你们的校长奶奶
二〇二三年九月

四季交响润童心

——"我们身边的二十四节气"主题式融课程的行与思

郭　骏

从立春到立冬，节气循着自己的步伐款款而来，一如我们的养正教育，循着生命的节奏，贴近孩子的生长需求，"我们身边的二十四节气"主题式融课程便应运而生。

一　问题的提出

（一）国家对优秀传统文化的重视

以习近平同志为核心的党中央对中华优秀传统文化的重要价值和意义做过许多论述：传统文化是我们的"根"和"魂"，是我们的"精神命脉""立足根基""社会主义的植根沃土""最深厚的文化软实力"。二十四节气是中国人民与自然保持和谐一致的生活和劳作方式的体现，也蕴含着鲜明的中华民族传统习俗和深厚的文化积淀。"我们身边的二十四节气"主题式融课程就是抓住节气的自然本质与儿童的率真本性，激发学生探索自然的兴趣，让学生的好奇心与自然千变万化的植物、动物、天气等相连，让他们走进自然，发现自然的奥秘。

（二）符合课程改革的要求

核心素养是贯穿国家课程标准修订的一条主线，是课程开发与实施及教育改革的总纲和方向。《21世纪学生发展核心素养研究》一书提到："基于核心素养的顶层设计，可以指导课程的变革与推新，建立基于核心素养的新课程体系，并指导各学段和各学科课程目标之间做好垂直衔接与横向整合。"这就为主题式融课程的开发与实施提供了广阔的发展空间，而融课程也更能凸显核心素养视角下课程改革的发展要求。

（三）契合办学特色

大明湖小学是一所有着百年历史的名牌老校。学校原址有一处大型古建筑，它就是历史上有名的府学文庙。这一独特的校园文化为学校开启传统文化教育提供了源头活水。大明湖小学以"养正育能，厚德一生"为办学理念，以中华优秀传统文化教育为特色，全面落实"立德树人"根本要求。如何进一步挖掘文化育人的优势，弘扬优秀传统，培育民族精神呢？"我们身边的二十四节气"主题式融课程的开发与实践无疑会极大地丰富校园文化内涵，有助于学校和教师深入挖掘二十四节气中的教育价值，引领学生探索节气的文化魅力，也有利于促进学校向更高层面、更高品位深度发展，以及更大程度地促进教师队伍专业素养的整体提升，更全面地提升学生的核心素养。

二　解决问题的过程与方法

我们以"传承—融合—创新"为课程开发思路，带领学生开始美妙的节气之旅，感受传统文化的丰富与美好，发挥节气文化的育人功能与价值。

（一）明晰课程目标

对"我们身边的二十四节气"主题式融课程的开发与实施，使学生了解有关二十四节气的基本知识，领会与二十四节气相关的基本规律，体验与二十四节气相关的民俗文化，感受大自然的神奇变化，学习古老的中国智慧，培养学生关注自然、关爱生命、热爱生活、胸怀祖国、坚守和传承中华优秀传统文化的情感、增强民族自豪感和民族自信心等。"我们身边的二十四节气"主题式融课程通过丰富的课程资源，培养学生的综合能力，提升学生的核心素养。

（二）搭建课程框架

大明湖小学以弘扬优秀传统文化和培养学生综合素质为核心，以"主题融模式"来构建课程内容体系。课程的开发试图通过多元化的认知结构，引领学生从传统文化、语文、数学、科学、综合实践、美术、音乐等多学科角度发掘二十四节气的文化魅力，增强学生对二十四节气的认识，从而实现多学科、生活化、活动化的深度融合，有效提升课程的育人价值。

"我们身边的二十四节气"主题式融课程，包括"节气与文化""节气与诗词""节气与汉字""节气与科学""节气与生活""节气与艺术"六大模块，引导学生深入了解传统文化，开阔视野、增长见识，提高学生的社会责任感和实践能力。每个模块涵盖学习资源、学习支架和展示台三个部分。

（三）探索课程实施

"我们身边的二十四节气"主题式融课程的实施主要采用三个路径。一是在不影响国家课程、地方课程实施的前提下，以"嵌入"方式实现与国家课程、地方课程的统整，既使学生了解节气知识，又丰富了学科内容。二是与班队活动融通，促进学生个体成长与群体生活的综合融通。我们根据学生发展和课程实施的需要，以集中和分散相结合的形式，灵活利用长短课，积极探索主题式协同教学模式。三是与假期特色作业相结合。各学科教师以四时节气为核心，从不同的视角拓展假期学习资源，激发学生的学习兴趣，拓宽学生的学习视野，丰富学生的假期生活。

三　成果主要内容

（一）传承——"承"优秀传统，坚定文化自信

关于二十四节气的学习内容有自古流传下来的物候、农谚、诗词等，这些是文化传播最好的载体，也是学生提高自身文化素养、积淀优秀文化的重要途径。由于二十四节气贴近生活，学生深入学习后能够感受到古人的智慧，思考万物生长与人类生存的奥秘，学会利用科学知识、自然物候来指导学习与生活。

（二）融合——"融"课程内容，彰显育人价值

1. "节气与文化"融合"传统文化"学科

教师引领学生在研究性学习中，探究节气文化中的物候特点、文化风俗，以继承和弘扬优秀传统文化，学习先辈们不断探索与发现的探究精神。

2. "节气与诗词""节气与汉字"融合"语文"学科

文人墨客根据二十四节气而作的一首首优美隽永的诗词，为学生的生活增添了许多诗情画意。该模块引领学生通过吟诵、赏析与节气有关的诗词，不断地提升自我。"节气与汉字"把有故事的汉字与节气相结合，以二十四节气为"经"，以汉字解读为"纬"，使学生既了解汉字的起源、故事，又丰富了对节气风俗、物候的深入认知。

3. "节气与科学"融合"科学"学科

在没有温度计、没有天气预报的时代，我们的祖先依据切身的感受、细致入微的观察，将天文、物候、农事完美地结合，确定了"二十四节气"，用于指导农事、补充历法。同学们在教师指导下探究关于节气的科学秘密：识别时令植物，观察植物的生长过程，制作彩虹雨，春分立蛋等。

4. "节气与生活"融合"综合实践活动"课程

在综合实践活动的探究中，同学们感受到生活是与大自然的节律息息相关的。该模块主要包括"二十四节气创意制作""舌尖上的二十四节气""冬至大如年里的建筑""夏至与百草""花信里的二十四节气"等专题。

让学生感觉到最神奇的是"冬至大如年里的建筑"。冬至正午之时，故宫乾清宫前为什么被围得水泄不通？冬至前后的下午，颐和园为什么人头攒动？冬至皇帝祭天所在地——天坛祈年殿里的三圈柱网数与二十四节气有什么关系？教师以此为驱动性问题，请学生自主探究。查阅资料得知，每年冬至日，太阳高度角最低，正午前后能将乾清宫高悬的"正大光明"匾和匾下面的五条金龙依次点亮，呈现"大放光明"的奇景。同理，冬至前后下午，阳光会贯穿十七孔桥的整个桥洞，呈现"金光穿洞"的自然奇观。同学们在赞叹造园设计者的神来之笔时，也领悟到：无论何时，对于优秀传统文化都要古为今用，进行创造性转化和创新性发展。

在"舌尖上的二十四节气"专题中，教师带领学生跟随节气，了解养生知识，一起把大自然的新鲜食材请回家中，制作养生菜肴。春分时节，同学们亲手制作了美味又养生的时令菜肴，还品读了名家笔下的春菜，感受了不同年代的生活。夏至时节，巧手做什锦面；白露吃白物，制作养生小贴士送给身边的长辈亲友，表达孝敬与感恩之情。冬日，跟着节气"趣"冬藏，利用常见的白萝卜、山药、牛肉，制作时令美味。节气巧妙地将中医中药、名家文学、劳动技能、美德养成融合在一起。

5. "节气与艺术"融合"音乐""美术"学科

学生拿起画笔，让美丽的节气在笔尖开花，在画纸上绽放。他们用一双双灵巧的小手展现出了二十四节气悠远的意境和独特的魅力。

（三）创新——"新"实施过程，提升核心素养

美国教育家泰勒指出："教育的基本手段是提供学习经验，而不是向

学生展示各种事物。"也就是说，只有以积极的情感体验和深层次的认知参与为核心的学习方式，才能促进学生包括高阶思维在内的全面素质的提高。

1.立体实施路径，激发积极学习

（1）与自然相连

二十四节气，是人与自然和谐共生的产物，是有情有景有境的真实生活。以"四时更替为序"进行课程实践，有利于小学生传承古人崇尚自然的意识，提升对自然的敬畏之情。

（2）与生活相连

生活即教育，教育即生活。春种夏长，秋收冬藏。从清明的风筝、谷雨的牡丹，到寒露的菊芳、冬至的饺子，中国人的传统习俗和生活审美中处处承载着节气的智慧。二十四节气里包含着传统节日和风俗习惯。如冬至日，民间流传北方吃饺子、南方吃汤圆的习俗。教师适时组织学生探索发现，调查身边的人是如何度过节气的，利用视频制作大赛、摄影大赛、讲故事大赛等形式，记录自己的发现，进一步感受节气与日常生活的密切关系。组织学生开展"包饺子""画数九图"等活动，以学生乐于接受的活动形式寓教于生活。

（3）与趣味相连

丰富多彩的实践体验活动，让学生逐渐对传统文化有了研究兴趣，让传统文化走进学生心里。如"节气与汉字"，教师把有故事的汉字与二十四节气相结合，从万物的由来开始，在四季的循环往复中，引领学生用眼睛去观察，用心去感受，获得更多成长的智慧和力量。

学完有故事的汉字，学生还在教师的带领下动手扎制风筝，涂上最亮丽的颜色，心中一定快乐无比。春天，同学们亲手种下一颗颗种子，看它们破土而出，心中满是喜悦。同学们还跟随老师学习汉字拓印，亲手拓印古诗《春晓》，感受古人对春光逝去的无奈。同学们走出校园，来到公园，追随春天的脚步一起舞蹈。秋天的节气中，学生不仅读懂"麦"的故事，还了解菊花的品种，背诵有关菊花的诗句；学生制作香甜的糯米月饼，并把月饼包装成一只可爱的小青蛙，送给爸爸妈妈表爱心。"冬至大如年。"甲骨文的"冬"是会意字，纺锤与丝线相连，表示纺线的结束，也是"终"的本意，意味着一年即将结束。温暖的教室中，学生学习"九九消寒图"的画法，学唱《数九歌》，在银盘中画梅花图，装点美好生活。

2. 多元实施策略，激发深度学习

我们结合学生的特点和丰富的生活教学资源，采用了项目式、情境化、体验式的学习方式，以阅读与观察、走访与考察、调查与实践、研究与辩论、创作与实验等多种学习样态，来激发学生开展深度学习。

（1）项目化学习策略

大明湖小学以"节气课程"为核心，进行"项目化学习"，释放学生个性，激发创造力，在做项目的过程中涵养品格，让学生像科学家一样去发现新知、探究新知，发现问题、解决问题，提升高阶思维能力，形成正确的价值观、必备品格和关键能力。

其中，"冬至大如年"项目化课程即以探究"冬至"丰富的科学和人文内涵为任务驱动，融合了语文、科学、音乐、综合实践等学科的学习。课堂上，教师先通过直观形象的图片、视频等方式，向学生展示冬至物证，通过观察交流，引导学生了解冬至特征，从而形成学生对冬至的直观印象和整体感知。

课堂上，最精彩的是教师引导学生交流课前进行的"观察探究"成果。课前，教师引导学生设计了观测表格。在冬至日前15天，学生与家长或小组成员一起记录、分析日出日落时间，形成观察报告，亲身感受冬至昼短夜长的特点。学生兴趣高涨，收获颇丰，但学习并没有就此结束。学生还提出了"在古时候，人们没有先进的仪器，又是如何测量、计算的？"的问题。教师带领学生初步认识"土圭"，并鼓励学生课后去请教科学老师，尝试制作简易土圭并进行实验探究。学生通过"头脑风暴"和"实验探究"初步感知了"冬至"的科学和人文内涵后，接下来就要进入"自主学习，学科融合"阶段。学生根据头脑风暴绘制思维导图。申请的项目化任务也很有新意：学习冬季养生、吟诵时令古诗、设计数九图、研究地球公转与自转等。

（2）情境化学习策略

"我们身边的二十四节气"源于真实生活。学生在这样真实的情境下参与、表达、实验、观察，师生共建丰富的课程资源，共同达成学习目标。在"花信里的二十四节气"专题，教师以济南市文化和旅游局的一篇文章引入——《又是一年蜡梅季，济南这些地方已经美得不像话！》教师创设情境，让代言人"雨小荷"带大家一起寻香过年。趵突泉沧园，大明湖铁公祠、藕神祠、遐园等地蜡梅开放的图片将学生带入情境中。学生通过实地观赏和深入探究，了解了节气花信的文化与内涵。

（3）体验式学习策略

"实践体验"能唤醒学生内心的文化基因。借助对仪式、生活和游戏的体验，使传统文化落到实处。斗百草、放风筝，学生如数家珍；包水饺、做月饼，学生乐在其中。如"夏至与百草"专题，古人认为夏至阳气很盛，人们会将艾叶、苍术、藿香、茱萸等驱蚊的草药放在香囊里，而学生在"识本草、绘本草、话本草、用本草"的实践体验中，制作香囊，嗅闻淡淡药草香。这不仅是文化的传承，也是祝愿阖家安康美好寓意的传递。

3. 丰富课程评价，助推进阶学习

评价方式研究是"我们身边的二十四节气"主题式融课程的重要组成部分。我们主要采用量化评价与质性评价相结合的方式，通过表现性评价、综合性评价和过程性评价，加强师生互动、生生互动的效果，强化学生的自我体验与创造，真正实现学生对节气传统文化的理解与运用，促进学生学习方式的转变。其中，"档案袋"评价是从面向个体参与的横向竞争式评价转化到全员参与的纵向自我成长性评价；"成果展示"评价以登讲台、刊发公众号、展示宣传栏等多种形式，实现节气课程为学生全面发展、赋能的真正意义；"特色评价"充分彰显多维度，让每一颗星星在银河中闪光。

四 成果与特色

"我们身边的二十四节气"主题式融课程是大明湖小学对济南市重大课题"在小学实施传统文化教育与综合实践活动相结合的实践研究"策划开发的创新性课程之一，深受学生喜欢。该课程能结合校情、学情，把学生终身发展必须具备的核心素养与国家、社会倡导的核心价值观相匹配，把特色课程开发与核心素养的培养相融合，在学生心中埋下一颗文化的种子，滋养他们的学习与生活，让每一个学生享受成长的快乐与成功的喜悦，为每一个学生的未来发展奠定坚实的基础。

德育篇

多元"实践＋体验"，擦亮"养正教育"特色

郭 骏 李 宏

"弟子规，圣人训。首孝悌，次谨信。泛爱众，而亲仁……"每天清晨，校园都会传来琅琅的诵读声。《弟子规》《三字经》这些脍炙人口的古文名篇，都化成了悠长的诵读声。"操千曲而后晓声，观千剑而后识器。"在琅琅的读书声中，孩子们增加了文化储备，浸润了童心，也培养了"腹有诗书气自华"的气质。

晨诵是大明湖小学"养正教育"的一个特色。经过多年的传统文化教育积淀，大明湖小学进一步提出了"养正教育"办学特色。何谓"养正"？"养正"就是走好人生第一步，从小养成一种端正的行为习惯，通过"内养＋外养"的模式，培育新时代好少年。具体来说，"内养"是以德育熏陶、礼仪体验以及知识学习为主的传统文化学习；"外养"是以走出校园、走进社会、走向生活为主的综合实践活动课程。

一 "养正教育"点亮明湖校园

中华文化源远流长。几千年的历史为我们留下了浩如烟海的文献典籍，积淀下了丰富的精神财富，因而具有独特的育人价值。

"如果说生命的成长像谷类植物的生长，那么'童蒙养正'恰恰就是发芽之前的扎根。小学阶段是学生形成世界观、人生观、价值观的启蒙阶段。用优秀的传统文化为他们的生命成长奠基是学校义不容辞的历史使命。"大明湖小学校长王延贞经常对老师们这样说。

大明湖小学"养正教育"的提出既源于弘扬中华优秀传统文化的使命，又源于学校校本课程的实践，还源于对体验教育的认识。很多学生对一些经典的句段可以熟练背诵，但是如何涵养品格，落实于行动，还有待进一步加强。我们力图用传统文化中的仁爱思想、经典内容培养学生品格，启迪学生智慧。为此，我们提炼出对接学生生活、引领学生成长的精品课程，总结出行之有效的活动模式、策略，让优秀传统文化入脑、入心。

二 依托"养正教育"，实施传统文化与综合实践活动相结合的实践研究的背景

（一）与国家方针高度契合

文化是一个民族的灵魂，孕育着民族的生命力、凝聚力和创造力。没有高度的文化自信，没有文化的繁荣兴盛，就没有中华民族伟大复兴。

以习近平同志为核心的党中央对传统文化的重要价值和意义做出过许多论述：传统文化是我们的"根"和"魂"，是我们的"精神命脉""立足根基""社会主义的植根沃土""最深厚的文化软实力"。《求是》2019年第8期发表的习近平总书记的重要文章《一个国家、一个民族不能没有灵魂》，明确要坚定文化自信，把握时代脉搏，聆听时代声音，坚持与时代同步伐，以人民为中心，以精品奉献人民，用明德引领风尚。所以，这也就是

为什么习近平总书记强调学习传统文化要"坚持全民行动、干部带头，从家庭做起，从娃娃抓起"。

实践证明，小学阶段传承中华优秀传统文化，进行传统文化教育是有必要的，也是可行的。传统文化教育是可以按照现代教育课程的理念和模式进行架构的，并且对学生道德情操、行为规范的培养和综合素质的提升，具有显著的教育功效。在学生世界观、价值观、人生观形成之际，在学生语言学习的敏感期、记忆黄金期，以优秀、精粹的传统文化来启发学生，滋养其道德素质、文化素质和才艺素质，能促进学生品德、情感、意志、智慧的提升，并进一步规范言行，激发创造潜能，激发起学生对中华优秀传统文化的学习兴趣，为孩子一生的发展奠定坚实的基础。

（二）实施传统文化与综合实践活动相结合的重要性与必要性

中共中央办公厅、国务院办公厅印发的《关于实施中华优秀传统文化传承发展工程的意见》（以下简称《意见》）中提出：到 2025 年，中华优秀传统文化传承发展体系基本形成，研究阐发、教育普及、保护传承、创新发展、传播交流等方面协同推进并取得重要成果，具有中国特色、中国风格、中国气派的文化产品更加丰富，文化自觉和文化自信显著增强，国家文化软实力的根基更为坚实，中华文化的国际影响力明显提升。通过对《意见》的解读，我们认识到，实施传统文化教育，不能仅仅停留在诵读的层面，还要做到知行合一，在实践体验中落实。

1. 落实"知行合一"的教育理念

我们依托各类生活和社会实践活动，探索实施优秀传统文化教育的新途径，对接当前学生的生活，触动学生的内心，指导学生的行为。这样学生才能明确自己的责任，才能在实施优秀传统文化教育中达到正心、正行的目的，使学校的"养正教育"体系更加多元化、立体化，落实"立德树人"的教育目标。

2. 落实"学中做，做中学"的教育理念

教育部于 2017 年 9 月印发的《中小学综合实践活动课程指导纲要》规定：综合实践活动是从学生的真实生活和发展需要出发，从生活情境中发现问题，转化为活动主题，通过探究、服务、制作、体验等方式，培养学生综合素质的跨学科实践性课程。大明湖小学实施优秀传统文化与综合实践活动相结合，主要依托"养正教育"的"外养"体系进行落实，这是陶行知先生"学中做，做中学"教育理念的体现。大明湖小学通过设计、开展各类弘扬中华优秀传统文化的主题活动课程、研学课程、生活课程、社会实践活动，来丰富"养正教育"的"外养"体系，打破时间和空间的限制，真正让学生在综合实践中、在学习和生活的体验中学以致用，体现"用优秀传统文化滋养生命"的教育理念。

日常的现实生活具有极高的教育价值。学生进入学校、进入课堂也不是白板一块，他们都带着自己特殊的生活经历和体验，带着自己对人生、对他人、对社会、对事物的认识、看法和态度，带着自己的知识经验、情感和意志特征，这些会成为师生开展传统文化教育的基础，成为学生受到思想熏陶的动机和起点。我们设计的"外养"课程，如果能联系学生生活，那么必将缩短学生与学习内容之间的距离，可以更好地激发学生内在的情感体验，引起学生对学习的兴趣，使其主动感知，进而积极地内化于心、外化于行。

3. 社会实践，培养学生的家国情怀

大明湖小学依托"外养"体系中的"走进老济南"研学课程，挖掘家乡文化、地理资源中所蕴含的积极的文化精神，通过多元的实践活动，为学生的文化体验、文化传承与创新提供生动的学习与实践情境。引领学生了解济南老城的历史名人、名胜古迹、风土人情，通过形式多样的综合实践活动，丰富学生的文化体验，滋养学生的文化生命，提升学生的文化认知，从而实现对优秀传统文化、本土文化的传承与创新。

4.落实"体验式学习"的教育理念

在引领学生学习传统文化的过程中，我们发现，部分教师比较重视学生对知识的认知、积累和加工，而忽视了对学生文化基因的唤醒。我们希望从体验教育打开缺口，通过体验课程、体验活动使"高高在上"的经典落到实处，使抽象的教化融入学生的生活中、行动中。

三 构建"养正教育"的"内养"体系，明德启智

《论语·先进》上有这样的记载："德行：颜渊，闵子骞，冉伯牛，仲弓。言语：宰我，子贡。政事：冉有，季路。文学：子游，子夏。"这就是说，孔门弟子根据其学业特长分为德行、言语、政事、文学四科。我们在研究的过程中也将课程群分为德行科、诗礼科、才艺科、创新科四大类。

（一）德行科，正心养性

德行科课程以"国学启蒙教育"为主，重在培养学生德行素养和礼仪习惯。两条培育路径为：进德修业，习礼为常。学生在"国学启蒙教育"上学习传统经典，明德润心、正心养性。

（二）诗礼科，丰厚底蕴

在德行科的基础上，诗礼科课程以国学社团、古韵晨诵等形式培养具备坚实国学功底的博学少年。其中，国学社团聘请传统文化教育专家、中国石油大学教授王永豪为师生授课。授课内容包含诵读经典篇目、学习传统礼仪、了解节日文化内涵等。学生不仅领略了中华民族优秀的传统文化，也陶冶了道德情操。

（三）才艺科，彰显个性

才艺科则以选修课为载体，设计了富有个性特点、专长特色的传统文

化类选修课，如书法、国画、剪纸、琵琶、二胡、葫芦丝、山东快板、山东快书、传统益智游戏、民间游戏等。才艺科的传统文化选修课，深受学生喜欢，经常出现一课难求、学生争相学习的场面。

（四）创新科，"实践＋体验"的新感受

1. "我们身边的二十四节气"主题课程

（1）深挖课程内涵中的生活体验元素

"春雨惊春清谷天，夏满芒夏暑相连。秋处露秋寒霜降，冬雪雪冬小大寒。"这首脍炙人口的童谣让我们记住了二十四节气。二十四节气是中国古代劳动人民智慧的结晶，是中国传统文化的象征符号。2016年11月，二十四节气被列入联合国教科文组织《人类非物质文化遗产代表作名录》。

同学们在老师的带领下开始了美妙的节气之旅。通过深度探索节气，用阅读、观察、实践、探究等方式，感受着传统文化的丰富与美好。

本课程第一板块是时令古诗吟诵，既充盈了学生的心灵，又让学生在古诗的四季中浸润、成长。汉字解读板块，为学生打开了一扇通往传统文化殿堂的神奇之门。学生既了解了汉字的起源、故事，还丰富了对节气风俗、物候的认知。最后一个板块设计了与节气相联系的综合实践活动。民风民俗体验、生活技能练习、科学实验尝试等生活实践体验活动，充分展现了综合实践活动课程的综合性、实践性。大雪时研究雪花形状，谷雨时研究茶文化，春分时进行竖蛋比赛，惊蛰时做香囊，立春时写春联，雨水时做彩虹雨实验，立冬时画九九消寒图……在动手操作中，在合作探究中，学生积极探寻传统文化的丰富内涵，重新思考人与自然的关系。

（2）课程实施的途径及策略

本课程实施的途径主要是学校的假期课程、班级特色活动等。以"我们身边的二十四节气"为主线的假期课程，从生活情景中发现教育资源，坚持教育与生活劳动、艺术体验、社会实践相结合。学生能积极、主动地完成

每一个项目，真正将假期的"空白期"变成提高能力的"可为期"。假期课程杜绝了机械性、重复性的作业，体现了综合实践活动的探究性、实践性、分层性和个性化，深受学生喜爱。

教师通过"调查与展示""动手制作""实验探究""设计创作"等学习策略，引导学生全身心参与实践活动。学生发现、分析和解决问题，体验和感受生活，并在活动中不断发展实践创新能力。

策略一：调查与展示。

在节气课程的学习中，学生通过资料搜集、调查访问、交流讨论等方式，了解了二十四节气所彰显的人与自然和谐相处的智慧与创造力，领悟了人类要尊重自然、顺应自然规律的理念。

学生通过"吟咏时节之美"项目，用诵读展示时节的美好。文人墨客根据二十四节气创作出一首首优美隽永的诗词。如果说生活是一首诗，那么节气便是这诗的平仄规律。学生通过吟诵体验，丰富了对节气课程内涵的认识，也建立了自信。

策略二：动手制作与体验感悟。

节气课程的"探究节气奥秘"项目：学生在老师的指导下，识别时令植物，观察植物的生长过程，制作彩虹雨，举行立蛋比赛……在富有趣味性的科学实验中，体验、感受节气中的科学奥秘。在没有温度计、没有天气预报的时代，我们的祖先依据切身的感受和细致入微的观察，将天文、物候、农事完美地结合，从而确定了"二十四节气"，用于指导农事、补充历法。

节气课程的"舌尖上的二十四节气"项目：老师和学生一起了解节气养生知识。如春分时，一起把大自然的春意和新鲜食材"请"回家中。韭菜、菠菜、香椿、春笋、豆芽、蒜苗、茼蒿、春茶……同学们亲手制作美味又养生的时令菜肴，品尝新鲜的春天的味道。

策略三：设计与制作。

节气课程的"创意制作"项目：如春分时，学生研究并制作中国传统风筝。

同学们先了解到风筝上要绘制有吉祥寓意的图案，以表达对新一年的美好祈盼，还运用学过的折纸、剪纸以及构图技法，在风筝上绘制或剪贴出栩栩如生的春牛图、繁忙热闹的乡村四月图、添绿正当时的植树图等。

有的学生选择了"画节气之风俗"项目。同学们拿起画笔，让美丽的节气在笔尖开花、在画纸上绽放。二十四节气悠远的意境和独特的魅力，将永远留在学生的记忆里。

同学们跟着节气的步伐，徜徉在传统文化里，陶醉于大自然中。通过全方位的、深度的探索与体验，用阅读、观察、实践、探究等方式，感受传统文化的丰富与美好。

策略四：开展文化小课题研究。

教师带领学生开展"汉字文化与二十四节气"的小课题研究。该研究把有故事的汉字与综合实践活动相结合，以传统的二十四节气为"经"，以汉字解读为"纬"，从万物的由来开始，在四季的循环往复中，让学生了解汉字中的传统文化、历史和习俗，用双手编织、折叠、绘画、剪贴，用眼睛去观察，用心去感受中华民族文化的博大精深，获得更多成长的智慧和力量。

在节气与汉字文化的综合学习中，学生以古典诗词为媒拓印作品，编彩绳，挂香囊，做月饼，画盘画。跟随季节的流转，荷花节、菊花展、窗花秀、书写篆刻等活动依次开展，传承中华优秀传统文化，弘扬民族精神。

2. "中华优秀传统文化实践体验活动"主题课程

（1）发掘课程内涵中的实践探究元素

2014 年 3 月，教育部印发《完善中华优秀传统文化教育指导纲要》（以下简称《纲要》）。《纲要》中特别提出：中华优秀传统文化是中华民族语言习惯、文化传统、思想观念、情感认同的集中体现，凝聚着中华民族普遍认同和广泛接受的道德规范、思想品格和价值取向，具有极为丰富的思想内涵；加强中华优秀传统文化教育，对于引导青少年学生更加全面准确地认识中华民族的历史传统、文化积淀、基本国情，认清中国特色社会主义的历史必然性，坚定走中国特色社会主义道路、实现中华民族伟大复兴中国梦的理想信念，具有重大而深远的历史意义；加强对青少年学生的中华优秀传统文化教育，对于培养中华优秀传统文化的继承者和弘扬者，推动文化传承创新，建设社会主义先进文化具有基础作用；加强中华优秀传统文化教育，对于引导青少年学生增强民族文化自信和价值观自信，自觉践行社会主义核心价值观具有重要作用。我们根据《纲要》所特别提出的加强中华优秀传统文化教育的重要意义、作用和相关规定、要求，结合大明湖小学实施的中华优秀传统文化与综合实践活动相结合的相关课题，开设了"中华优秀传统文化实践体验活动"主题课程。大明湖小学组织教师编写了学生读本，通过主题实践的形式，进行中华优秀传统文化教育。我们选择了民族艺术、饮食文化、建筑艺术、传统体育四大板块，以弘扬爱国主义精神为核心，以家国情怀教育、社会关爱教育和人格修养教育为重点，着力完善学生的道德品质，培养健全人格，搭建起传统文化教育与综合实践活动联系的桥梁。

教师以实践活动为主要课程实施途径，设计了"我知道""我参与""我思考"三大板块，其中核心部分是"我参与"。"我知道"板块，主要是围绕专题为学生提供一定数量的学习资料，目的是让学生通过学习这些图文并茂的资料，对实践活动内容有所认识，为开展实践活动做铺垫。"我参与"板块，为学生设计了一系列丰富多彩的实践活动，有调查研究、实践制作、表演展示、外出采风等。以优秀传统文化为基点，以体验实践为主要手段，通过开辟多样的实施路径和平台，将对传统文化的领悟辐射到学生生活中。学生按照实践活动方案开展活动，落实专题目标。"我思考"板块，围绕活动专题，设计能引发学生进一步思考的问题和拓展延伸的内容，巩固实践活动的成果，提升学生的认识。

（2）课程实施途径及策略

课程实施途径主要是学科特色课程及班级特色活动。在实施中，教师注意将学科特色与家庭教育、社会实践结合起来，既发挥学校主阵地的作用，又发挥课外活动和社会实践的重要作用，加强家庭、社会、学校之间的配合与贯通。

策略一：借助生活体验，增强对优秀传统文化的认知。

文化自信是由内而外的文化自觉。只有我们认真审视传统文化，特别是生活中的传统文化，让其与现代文明和现代生活融合辉映，才能让传统文化在孩子们心中生根发芽，才能积淀起强大的文化自信。

中国饮食文化丰富多彩、博大精深。如茶与酒的文化，是东方智慧的诗意表达，有着得天独厚的亲和力。传统节日中的饮食文化又是学生触摸传统文化的智慧密码。我们设计的"饮食文化"专题，以学生日日接触的饮食文化为切入点，引领学生在生活体验中，了解传统节日的文化内涵，了解家乡的生活习俗及其变迁，明白自己是中华民族的一员。

如在中秋节来临之际，高年级学生在教师指导下，进行"走进传统节日中的饮食文化"专题学习和实践体验。学生根据自己的兴趣确定研究主题，自主展开研究。有的研究节日食品的起源和发展，有的研究节日食品与民风民俗的关系，有的研究节日食品的制作方法。学生通过阅读书籍、查找资料，制作了精美的手抄报，完成了研究报告。学生向家长请教如何制作节日美食。学生与家长一起包美味的水饺，制作精美的月饼。一家人沉浸在欢度中秋佳节的快乐气氛中，感受着中国特有的传统文化。在此过程中，学生还增强了劳动意识，锻炼了实践操作能力。

策略二：通过艺术欣赏与作品展示，体验优秀传统文化的魅力。

中华优秀传统文化不仅承载于思想、文字、语言上，还存活于书法、音乐、传统艺术品等学生喜爱的文艺形式中。这一特点决定了学习传统文化不能只采取背诵经典名篇这种相对单一的形式，而应将其生活化、实践化、多样化。就京剧专题来说，学生通过实践体验，初步感悟国粹京剧是中国独有的文化，了解其在世界艺术中的重要地位，激发热爱祖国的感情。学生在教师的带领下，开展了丰富多彩的实践活动。

有"京剧会客厅，共享京剧魅力"交流沙龙。学生分享搜集整理的京剧文化。有京剧的起源和发展，京剧的行当、唱腔分类，京剧的著名流派及著名剧目等。在交流中，学生感悟到京剧自身包含的民族气节、民族精神。

有"梨园小舞台，学唱京剧"体验活动。教师带领学生唱京剧歌曲、听现代京剧等。还请有京剧基础的学生当小老师，教同学们演唱易学易练的京剧选段。舞台上，孩子们手、眼、身、法、步的招式演变，俨然有几分专业好手的"精气神"，着实让人感到振奋。从唱段，到动作，到站位，小老师教得仔细，同学们也学得认真。学生穿着京剧服饰进行演唱和表演，仿佛真正站在了梨园舞台上，感受到了中华民族国粹艺术的魅力。

有"学画彩墨脸谱"融合体验活动。教师带领学生了解京剧脸谱的特征，了解京剧脸谱的色彩意义，并亲自尝试用彩墨制作京剧脸谱。学生通过画脸谱、讲故事，深入了解京剧的著名曲目、流派、角色、脸谱、服饰等，感受到京剧博大的内涵、悠长的韵味，在浓郁的京剧艺术氛围中陶冶了情操。

有"水墨丹青——国画"专题。国画起源于古代，象形字是国画的基础。教师带领学生搜集、整理资料，调查研究，了解国画的基本常识、分类特点、著名流派、画家等。欣赏名家名画，吟诵题画诗。题画诗的内容或抒发感情，或谈论艺术，或咏叹画面意境，诗中有画，画中有诗。在诗情画意的吟诵中，学生感受到了国画中蕴含的优秀传统文化。教师带领学生画国画，旨在引领学生尽可能多地画出各种不同变化的点、线、笔触，让学生充分领略毛笔的神奇。教师鼓励学生大胆创作，做到独立地观察、自由地感受和直率地表达。在中国画的笔墨情趣中，尽享传统文化的美好。

中华优秀传统文化与学生喜爱的艺术形式密切联系，才会变得具体可感、有血有肉，才有生命力，才能为学生所接受并内化到自己的生活中。

策略三：与游戏活动相融合，激发学生对传统体育活动的兴趣。

传统体育活动能体现中华民族特有的气度和风骨。大明湖小学通过阳光大课间习练武术操和"民间游戏"主题课程两种途径，将传统文化与体育游戏相结合，激发学生对传统体育活动的兴趣。

武术是中华文化的一颗璀璨明珠，是中华民族在长期的生活实践中发展起来的民族传统项目之一。武术不仅能强身健体、防身自卫，还可以修身养性、陶冶情操。我校创编了"旭日东升"武术操，利用阳光大课间的时间进行练习，对强健学生的身体素质、历练学生的意志品质起到了较好的促进作用。

我校开展民间游戏活动，旨在让学生于游戏实践中潜移默化地传承中华民族传统的文化艺术，培养爱国主义情感，使优秀的民间游戏所蕴含的民族精神传承下去。在"民间游戏"主题课程中，教师首先带领学生揭开民间游戏的面纱，了解民间游戏的种类、特点和发展。学生在交流中感受到民间游戏的亲切与浓浓的乡情。无论是斗百草、放风筝、骑竹马、荡秋千、捉迷藏、斗蟋蟀，还是跳房子、拔河、赛龙舟、摔跤、下土棋等，几乎每个学生都会津津有味地说出许多。结合学生好奇、好动的特点，教师还带领学生一起玩跳房子、抽陀螺、推铁环等民间游戏。在游戏中，学生遵守规则，团结合作，学会了正确评价自我及他人，促进了良好意志品质的形成。

四　创建"养正教育"的"外养"体系，知行合一

"外养"课程是陶行知先生"学中做，做中学"教育理念的一个很好的体现。大明湖小学通过设计、开展研学课程和主题实践活动，将优秀传统文化融入学生的生活，体现了用优秀传统文化滋养生命的教育理念。主要活动课程载体为"开笔礼""成童礼""中华母亲节""走进老济南"。以上实践活动课程，打通了学生认知和实践之间的壁垒，为学生创建了有效体验和实践的场域，在学生的"知"与"行"之间搭建了桥梁。

（一）生活体验类课程："开笔礼""成童礼""中华母亲节"

1.丰富课程内涵，注重生活实践

学生接受知礼、懂礼、守礼方面的思想熏陶，能够习礼知爱，常怀感恩之心，树立明礼、忠信、孝义的信仰和报效祖国的志向。

"开笔礼"礼仪课程。隆重的开笔礼仪式，通过创设情境、亲身体验，引领学生感受传统文化熏陶，完成心灵的洗礼和智慧的启迪。仪式体验让学生怀着对优秀传统文化的兴趣迈开学习第一步，从而走好人生每一步。

"成童礼"礼仪课程。"成童礼"是中华优秀传统文化中学生由童年向少年成长过程中所必经的一种礼仪。大明湖小学学生在六年级毕业时要参加"成童礼"，通过仪式体验，知晓父母养育之恩，学会孝敬父母，明白事理，懂得担当，意在"告别童年，感恩立志"，进入少年时代。

"中华母亲节"生活课程。孝文化既是中华民族尊奉的传统美德，又是中国人品德形成的基础。为了让中华优秀传统文化展现出永久魅力和时代风采，要结合时代要求，深入挖掘中华孝文化，继承弘扬，不断创新。

回看中华民族的历史，孟子的母亲是最突出的中华母教形象。孟子三岁丧父后，她就担负起教养孟子的全部责任。"孟母三迁""断机教子"的故事传颂至今。中华母亲节促进会倡导，中国人应该有自己的母亲节，它是孝道传承最好的载体和抓手，并向全国人民发出倡议——将孟子诞辰日设为中华母亲节。大明湖小学以此为契机，开展了"中华母亲节"生活课程。该课程以母教精神和感恩母亲为中心，将传统文化教育与生活实践有效融通。通过仪式典礼，让天下父母心得以彰显，也让天下子女心精致表达。学生在形式多样的情境体验中，感受到父母的辛苦与不易。学校还通过开展生活实践活动，让中华母亲节深入学生的生活中，将母亲节的效应日常化、家庭化，引领学生知行合一。

2. 课程实施策略

策略一：仪式熏陶。

中国素有"礼仪之邦"的美称。"不学礼，无以立。"中华民族作为礼仪之邦，历来有懂礼、习礼、守礼、重礼的优良传统。因为礼仪的作用是极大的，可以治理国家，使社稷安定，使人民生活有序。《左传·隐公十一年》曰："礼，经国家，定社稷，序民人，利后嗣者也。"

礼仪是人们在社会交往活动中的行为规范与准则。它是德育的一个重要组成部分，是道德修养的外在体现，是一个国家文明的标志。古代教育强调"童蒙养正"，对少年儿童的首要教学宗旨就是礼仪，注意培养少年儿童做有修养的人、有文化的人、正直的人、高尚的人、知书达理的人。学生的身心成长需要一定的仪式感。肃穆、庄重的仪式，能让学生产生强烈的自我暗示，暗示自己重视生活、重视学习、认真对待每一件事。仪式教育对学生而言，不仅是一种诗意，更是一座成长的里程碑。

开笔礼。每年9月，神圣而隆重的"开笔礼"在文庙举行。一年级新生在活动中正衣冠，拜先师，朱砂开智，学写"人"字，诵读经典，击鼓明志，齐诵校训。在仪式体验中，学生初步感受到勤学苦读、尊师孝亲、崇德立志、仁爱处世的传统文化精髓。

成童礼。每年6月，六年级学生毕业时，为了让他们牢记父母的养育之恩、老师的培养之情、同学的友爱之意，学校会组织毕业生在文庙举行"成童礼"。毕业生在校长的带领下，走过棂星门、状元桥，在大殿前向孔子塑像行三鞠躬礼，并齐诵《少年中国说》《劝学》。为了激励毕业生追求梦想，学校还组织毕业生在纸鹤上挥笔写下自己的理想，并以之作为与母校的"十年之约"。

策略二：家校结合。

家庭，是知行合一的落脚点。古代圣贤的成就离不开父母的言传身教。家庭也是孩子德行实践与技能培养的操练场。

"孝心"重在孝行。我们倡导中华母亲节与劳动教育相结合。在课程中，将劳动教育融入其中，引导学生感受母亲的辛苦，对父母长辈常怀感恩之心；在劳动中提高劳动能力，理解劳动内涵，珍视劳动成果；引导学生身体力行，从生活中的小事做起，用点滴行动来感恩父母。

大明湖小学借助官微平台，开设"家道"微视听专栏，把学校孝心教育同家庭教育紧密结合。该活动以照片、视频、文字等方式展现父母之爱，传递孩子孝心，积极推进生动鲜活、富有内涵的优秀传统文化进家庭、进实践，提升家长素质与教育能力。

策略三：阅读经典。

中华文化源远流长，浩如烟海。在祖国优秀的传统文化中，有很多以"孝心"为主题的诗文佳作。在诵读经典环节，精选了《弟子规》"人则孝"、《游子吟》、《孝经》"纪孝行"三段经典诗文，让明湖学子在琅琅的诵读声中，立誓争做明湖孝心少年。

梁启超强调："蒙养之始，以德育为先。"德又包括孝悌忠信、礼义廉耻、温良恭俭让、仁义礼智信等等。在教师的组织下，学生阅读经典故事，如子路负米（孝），孔融让梨（悌）、岳飞精忠报国（忠）、曾子烹彘（信）等；观看2019年孝心少年事迹展播，通过书信形式将所思所想告诉父母，以传统的信笺表达孩子们真挚的情感。

策略四：评优树先，榜样先行。

"最美母亲""孝心少年""生活小达人"的评选已是"中华母亲节"课程的特有栏目。中国人讲究家风传承。好的家风家教，对后代的影响是潜移默化的。一个人的言谈举止、待人接物、价值理念往往出自家庭教育。评选活动的举办，可以提高家庭教育质量，引领学生传承中华美德，促进家庭和谐。

策略五：思辨式学习，激发学习兴趣。

在学习、生活的道路上，孩子们肯定会遇到与父母意见不一致的情况，甚至会出现一些小矛盾。当遇到这些困惑时，他们应该怎么处理呢？我们在"中华母亲节"生活课程中，引入思辨式学习方式，创设情境，引发学生思考，倾诉心声，表达个人观点。为学生正确处理亲子关系支着儿，实现家校携手共育的有效衔接，展现课程魅力。

"中华母亲节"生活课程全面理解和把握了古代家庭教育的精华，充分挖掘传统文化的育人资源，赋予家庭教育新的内容，让"国学育人""知行合一"的育人宗旨在生活实践中开花结果。

（二）家乡课程——走进老济南

1. 丰富课程内涵，加强社会实践

习近平总书记积极倡导家国情怀，既是对薪火相传的中华优秀传统文化精神的大力弘扬，也是对中华儿女自觉担负起新时代赋予的使命与责任的激励与号召。

济南是国务院公布的国家历史文化名城。一城山，半城湖，荷柳绿，清泉流。它的一街一巷，都有一段生动的故事，都有一个美丽的传说。济南山明水秀，人才辈出。唐代大诗人杜甫曾在这里写下"海右此亭古，济南名士多"的佳句。中医学的奠基人扁鹊，唐代名臣房玄龄，中国著名文学家李清照、辛弃疾、张养浩等均为济南人。另外，李白、杜甫、苏轼、曾巩等历代杰出的诗人学者，都先后在济南生活游历，并在此吟诗作赋。

为了引导学生深入家乡，用心灵和双手触摸城市的文脉和独特魅力，我们以家乡文化为核心，以培育学生综合素质为目的，充分利用家乡的自然、人文资源，开设了"走进老济南"家乡课程。

综合实践活动课倡导向儿童经验和生活回归，倡导主题研究与设计学习活动，重视学生社会经验的获得和实践能力的形成。这正与我校家乡课程"走进老济南"的设计理念不谋而合。两门课程的融合之路也是水到渠成。我们借助"走进老济南"课程，引领学生了解、关注老济南，并使其成为大明湖小学实施综合实践活动课程的有效载体。

2. 统筹课程内容，学做一体

"走进老济南"共分五大板块，分别是"走进大明湖""走近历史名人""走进老街老巷""走进名泉""走进民间游戏"。

（1）走进大明湖

大明湖历史悠久，景色秀美，名胜古迹众多，具备丰富的学习资源。学生可以在进行相关的书面学习后，走进大明湖，实地考察，积累资料，丰富见闻，获得社会经验和实践能力。

（2）走近历史名人

济南历史上的名人可谓灿若群星，如唐代的秦琼，宋代的李清照、辛弃疾，元代的张养浩，明代的李开先，现代的任继愈、韩美林……我们引领学生走近历史名人，感悟他们跌宕的人生、喷薄的才华，学习他们的优秀品质，形成健全人格。

（3）走进老街老巷

大明湖小学附近的老街巷便是《老残游记》中盛赞的"比那江南风景，觉得更为有趣"的地方。学生漫步其中，寻幽探古，既可以了解它们的历史，又可以探索保护、开发老街巷的措施。

（4）走进名泉

遍布老城的泉水以其众多的泉眼、优异的水质，以及壮观的喷涌景象，散发出迷人的魅力。学生通过搜集资料，了解"泉之因"，知晓泉水的形成过程；爱泉护泉，以实际行动落实环境教育；走出校门，拿起相机，亲身体验"泉之美"；吟咏"泉之颂"，诵读"云雾润蒸华不注，波涛声震大明湖""鸟飞云锦千层外，人在丹青万幅中"等诗句，感悟泉文化独特的魅力。

（5）走进民间游戏

民间游戏内容丰富、流传广泛。学生在玩中学，学中玩，通过"杠老杠""踢毽子""滚铁环"等民间游戏，了解民风民俗，提高身体素质，培养团结合作意识，形成积极、开朗、自信的性格。

3. 提炼出"一题三环"课程实施模式

大明湖小学确定了家乡课程"一题三环"的基本模式："一题"即每个学习小组均有确定的研究主题，"三环"即研究准备阶段、研究实施阶段、研究总结阶段。

研究准备阶段：大明湖小学编写了《走进老济南》读本；在班级学习群，不断更新电子资料；定期进行专题学习。在教师的指导下，学生分成活动小组，确定研究方向，交流最感兴趣的问题。

研究实施阶段：在明确感兴趣的问题后，设计、制订研究方案，进行探究学习。

研究总结阶段：采用调查报告、统计图表、幻灯片、漫画、小故事等方式交流初步的研究成果，由此推动同学们在各自原有的基础上深入实践。

学生在行走的课程中，有所见、有所思、有所悟，切切实实地培养了家国情怀。

以"走进老街老巷"专题为例，教师先引导学生查阅资料，初步了解老街巷的具体位置、相关介绍、历史文化等。接着，教师带领学生进行实地考察，了解老街巷的古建筑、历史风貌等。鼓励学生用文字记录、DV 拍摄等多种方式记录采访过程。教师充分发挥指导和点拨作用。最后，学生进行汇报展示。可以谈研究体会；可以把整理的资料做成幻灯片，配合讲解；也可以用讲故事的方式向大家娓娓道来。

"走进老济南"综合实践活动评价表

班级		姓 名		活动时间		年 月		
活动主题								
评价方式	评价内容				评价等级			
				☆ ☆	☆☆☆	☆ ☆ ☆ ☆	☆ ☆ ☆ ☆ ☆	
学生自评	（1）你对本次活动感兴趣吗？							
	（2）你是否参加过活动主题的选择？							
	（3）你收集信息、资料的途径多吗？							
	（4）你在活动中遇到问题并解决了吗？							
	（5）你在活动中能用已有知识解决问题吗？							
	（6）你对活动成果是否满意？							
	（7）本次活动中，你的收获大吗？							

评价方式	评 价 内 容	评价等级			
		☆☆	☆☆☆	☆☆☆☆	☆☆☆☆☆
学生互评	（1）该生与小组成员合作愉快吗？				
	（2）在活动中，该生是否积极提出自己的意见？				
	（3）在活动中，该生是否尊重他人的想法与成果？				
	（4）在活动中，该生是否努力完成所承担的任务？				
教师评价	（1）该生对所选活动主题的兴趣是否持久？				
	（2）小组成员能否进行有效的合作与分工？				
	（3）该生主动请教老师的次数是多少？				
	（4）活动成果是否实现预定的目标？				
	（5）该生是否有独创性表现？				
总评	（　　）颗☆				

注：采用 5 星级评价标准。根据实际情况，在对应的栏内打上"√"。

4. 探索体现"综合"与"实践"的课程实施策略

策略一：实地考察、采访。综合实践活动课程强调学生亲身经历各项活动，在活动中发现、分析和解决问题，体验和感受生活，培养实践创新能力。因此，这一教学策略，能充分利用身边的文化资源，带领学生前往名人故居、纪念馆或景点，进行实地考察，探寻家乡的文化基因，获取第一手研究资料。通过自主探究、查阅资料，形成研究成果，以研究报告和手抄报等多种形式进行展示。

策略二：创设情境，为景点做导游。请学生在查阅文献资料的基础上，为自己喜欢的景点拟导游词。在游览家乡自然、文化景点时，教师创设情境，请学生进行现场导游。该策略不仅可以使学生深入了解景点特色、文化内涵，还很好地锻炼了学生的写作能力、语言表达能力和口语交际能力。

策略三：小组合作，调查研究。每班同学随机组成活动小组，每组4到6人，推选出组长。在考察过程中，课题组成员各有独立的任务，既有分工，又有合作，各展所长，协作互补。小组成员需要围绕同一个研究课题，利用阅读、上网、采访、调查问卷等方式搜集资料，交流共享，汇总尚未解决的新问题。学生带着研究问题走出校园，进行实地考察采访。

策略四：搭建平台，多元展示。学习小组通过展示调查报告、讲述故事、放映幻灯片等多种形式共享活动成果。同学们在课程中的收获超出了教师的想象。有的同学在课程中产生了新想法，想继续研究老济南的传说、方言土语、老城区保护等；有的同学发现广大市民对老济南的认识并不多，想要把活动中的收获办成手抄报进行宣传，让更多的人感受济南历史的久远和文化积淀的深厚，同时接受优秀文化的陶冶和熏陶。这一教学策略既能让学生展示实践过程中的真切体验和真实感受，又能实现经验共享、信息互补，激发了学生的求知欲和探究欲。

在课程实施中，我们积极倡导"走进老济南"家乡课程与语文、品德、美术等学科进一步融合。提倡学生用生动优美的语言描述文化场景，培养学生关注家乡、热爱家乡的情感，指导学生设计、制作图文并茂的专题展板等。在行走的家乡课程中，增强学生作为济南人的成就感、自豪感，引导学生胸怀历史、放眼未来；在多元的家乡课程中，培养学生社会实践技能，在保护与传承乡土文化中增强学生爱家乡、爱祖国的情感，激发他们关注社会、融入社会、服务社会的意识。

五 依托"养正教育"体系，将传统文化教育与综合实践活动相结合的实践研究启示

（一）立足学生，激发兴趣

教育的本体是学生。中华优秀传统文化教育应该回归学生自我的本体。我们以学生为本，通过"我们身边的二十四节气"等丰富多彩的体验课程和"中华母亲节"等新颖的体验形式，激发了学生的兴趣，给予学生充分的体

验与发展的空间。

（二）立足生活，学以致用

中华优秀传统文化必须立足于生活。一方面，生活是传统文化教育的源头活水，教育离不开生活；另一方面，生活就是文化的载体，优秀传统文化往往就表现在人们的衣食住行、言行举止之中。比如"孝"文化，这是常识而不是高深的学问。"孝"就在我们身边，就在日常生活之中。

我们通过开设"开笔礼""成童礼""中华母亲节""走进老济南"等丰富的体验活动课程，打通了学生学习和实践之间的壁垒。

我们通过实践操作等教学形式的改变，为学生创建了有效体验和实践的场域，给学生的"知"与"行"之间搭建了桥梁。

通过以上教育途径的实施，学生能在学习中实践，在生活中践行，将优秀传统文化的价值转化成自己在生活中的行动。这不但使学生产生了思想上的认同，而且达到了"知"与"行"的和谐统一。

（三）立足实践，焕发活力

要将中华优秀传统文化教育放在广阔的社会中、斑斓的生活中进行，才能焕发无限活力。大明湖小学开发了"我们身边的二十四节气""中华优秀传统文化实践体验活动""走进老济南"等系列实践、体验课程。通过研究发现，立足于实践的系列传统文化教育课程能够引领学生在社会、生活这一宽广的空间里了解传统文化，培养传统美德，升华思想认识，体会优秀传统文化的博大精深与无穷魅力。

未来，我们仍将继续探索传统文化教育新路径，在孩子们纯真的心灵里播撒优秀传统文化的种子，以最终达成弘扬传统文化、培育民族精神、培养健全人格的目标。希望每个来大明湖小学读书的孩子都能度过有温度、有色彩的六年，也希望我们的努力可以为孩子们的童年铺上一层有韵味的底色。

"家校社"三位一体，打造孝悌教育新样态

李　鹏

中华文化源远流长。几千年来，"仁"被视为儒家文化的核心，而"孝悌"则被视为"仁"的根本，成为社会和谐发展、国家长治久安的根基。如何用孝悌教育培育优良的家风、民风、社风便成为一个重要的时代命题。

大明湖小学从娃娃抓起，从家庭做起，重视加强家庭教育，注重提升家长整体科学育人理念，通过树立好家风榜样，发挥榜样引领带动作用；以各类家风活动为依托，培养学生良好行为习惯，从而传承优良家风，以家风改民风，形成良好的社会风气。其中，学校多年坚持开展优秀传统文化教育，在传承孝悌文化、培育良好家风方面勇于探索创新，走出了一条特色育人之路。

孟子的诞辰，是农历四月初二。每年这一天，也是济南市大明湖小学开展"中华母亲节"特色活动的日子。在活动中，大明湖小学每年都会进行"孝心少年""魅力母亲"和"最美家庭"的评选，从而发挥榜样示范作用，以量变促质变，让看得见的好习惯内化为孩子内心的品质。值得一提的是，在"家风传承"环节，大明湖小学会邀请几位优秀家长共同探讨家风家教话题。

孟子曰："天下之本在国，国之本在家，家之本在身。"为使家国一体的理念入心入脑，大明湖小学以"中华母亲节"作为落实的具体平台，创

建"中华母亲节"特色德育课程，力争做到"五个结合"：一是"家国课堂"与家校共育相结合；二是"家国行动"与劳动教育相结合；三是"家国声音"与党史教育相结合；四是"家国旋律"与艺术教育相结合；五是"家国美德"与感恩教育相结合。通过加强未成年人教育，把实现个人梦、家庭梦融入民族梦之中的行动中来，促进家庭和谐，形成良好的社会风气。

2021年，大明湖小学对活动现场进行了直播，使线上线下近3000名师生家长、近1500个家庭产生共鸣。七尺男儿的伟岸身影，多次获得省市表彰的人民警察，看到儿子的真情告白时，也是潸然泪下。他舍小家顾大家的家国情怀，不仅给儿子树立了榜样，更是对"无大家何谈小家"的生动诠释，感动了在场的所有人，更影响了参会的所有家庭。

优秀的家长、良好的家风，对孩子的影响是潜移默化的。迄今，"中华母亲节"活动已坚持开展了十四届。大明湖小学以该活动为依托，找到了传统文化与现代教育的契合点。通过践行孝道文化，做最美孝心少年，传承中华美德，促进家庭和谐。

此外，为形成良好的家校互动，大明湖小学还开展了线上"家道微视听"父母讲堂、线下"家长学校"，定期推送家长育人智慧、家风传承经验分享，让优秀家长走进学校、走进家庭、走进社区，让中华民族的优良传统走进千家万户。

爱父母，爱兄弟姐妹，爱亲人故旧，才能更进一步升华为爱民族、爱祖国，这与以人为本位思考的生命教育和以爱国主义为核心的民族精神教育是切合的。

作为教育战线的"明湖人"，我们必须时刻牢记为党育人、为国育才的神圣使命。面对时代变革，不断改进家庭教育方式、加强学校的思政教育、强化社会孝悌的宣传教育，借助"家校社"三位一体育人网络的良性互动，为国家、社会、家庭教育提供指导、支持和服务，携手落实好立德树人的根本任务。让中华文化弦歌不绝，放射出更加灿烂的时代光芒，让孝悌文化成为中华儿女坚定文化自信的精神之源。

"行育"对中华优秀传统文化创造性转化与创新性发展的实践与思考

李　宏

　　古人云："读万卷书，行万里路。"陶行知先生创立了"生活即教育""社会即学校""教学做合一"的生活教育理论，就是在强调教育要"知行合一""学以致用"。习近平同志在纪念孔子诞辰 2565 周年国际学术研讨会上发表重要讲话，强调要"努力实现传统文化的创造性转化、创新性发展，使之与现实文化相融相通，共同服务以文化人的时代任务"，体现了传统文化教育尊重传统、古为今用、推陈出新的重要内涵和鲜明指向。

　　"行育"的提出，既是对传统文化教育生活化的诠释，更是强调通过项目化、研学探究等学习方式，验证、深化所学的间接知识，更好地落实国学教育生活化的主旨思想，追求"行是知之始，知是行之成"的教育真谛，努力培养担当民族复兴重任的时代新人。

　　大明湖小学自 2010 年始开展"中华母亲节"活动，其目的是传承"孟母教子"的良好家风，根植爱的种子，落实立德树人的教育目标，让学生学会感恩、学会回报，弘扬民族精神。我们一改往日"中华母亲节"活动的组织形式，以研学的方式，带领学生走出校园，走进邹城，来到孟子的故里，跟随圣人的脚步，聆听智者的教诲，深入研究、体验儒家文化的"孝道"思想，感悟传统文化的博大精深，实现国学教育的知行合一。在研学中，我们对"行育"这种教育方式在有效推进中华优秀传统文化创造性转化与创新性发展方面进行了深入实践与思考。

一 传统文化注重由"近"到"进"

作家冯骥才认为，要引导孩子在生活中亲近传统，让传统成为一种记忆、一种认同、一种情怀。对于现代小学生来说，如何让他们亲近传统文化？我们认为，在情境中、仪式中学习传统文化，拉近时空距离，最能走进学生内心，为学生注入新鲜的文化血液。

"中华母亲节"这一天，迎着初升的朝阳，同学们如同幸福的小鸟，乘车前往邹城。大巴车成为同学们的移动课堂，导游为同学们讲解起邹城的地域文化，引领同学们感受邹鲁圣地的悠久历史，聆听孟子这位亚圣先贤的成长历程。妙趣横生的小故事和源远流长的古城文明，激发了同学们对这次研学之行的热切期盼和向往。

来到亚圣殿前，同学们身着汉服，庄严而神圣地举行"中华母亲节"庆典活动。同学们满怀崇敬之情，向亚圣孟子、孟母三鞠躬。同学们慷慨激昂地诵读孟子篇章，感悟孟子立身、齐家、报国的浩然正气。激情澎湃的声音穿越时空，传递出同学们对一代圣贤的缅怀和敬仰。"孝心少年"的评选，将活动引向高潮。每一个获奖的同学此时成为最自豪的人。"十月胎恩重，三生报答轻。"同学们用铮铮誓言向全世界宣告：爱心需要点燃，孝心重在行动。

孟子故里 鞠躬致敬

经典诵读 启发智慧

研学中的活动仪式，成为一次弘扬中华母亲文化、传承优秀儒家思想的载体。同学们仿佛穿越时空，与那个有理想、有气节、有抱负的孟子相遇，聆听孟子的智慧。直观可感的学习方式，激发了同学们学习传统文化的热情，也增强了同学们的文化认同感。

二　传统文化注重由"单一记忆"到"学思结合"

在研学导师的带领下，同学们参观了孟府、孟庙的五代祠、世恩堂、赐书楼等名胜古迹。古庙、古碑、古石、古树默然伫立，见证着孟子故里千百年沧桑变迁，让同学们感受到历朝历代对孟子的崇敬仰慕之情。大家边游览，边学习，边探究："孟子作为一代亚圣，是怎样将儒家文化发扬光大的呢？""孟子的民本思想延续到今天，是有积极影响的。孟子在游历中是如何宣传他的这一治国思想的呢？"……同学们积极参与，认真聆听研学导师的讲解，不时地提出自己的想法和问题。

研学中的深度思考，让同学们以思辨的眼光悦纳传统文化，树立民族自信与文化自信，体现国学育人的"学思并行"。

三　传统文化注重由"简单说教"到"寓教于行"

在孟子研学营地，我们组织同学们参加了"说文解字""国学论坛"大课堂活动，通过生动形象的文字演变和富有教育意义的小故事，让同学们感受到中华"孝"文化的博大精深。课堂上，同学们还原生活中的具体事例，展现了现实生活中如何正确理解并践行"孝子之养老也，乐其心不违其志"的真谛，体会"大孝尊亲，其次弗辱，其下能养"的深刻道理。同学们在交流、碰撞中亲身体验到"行育"这样一种不同于常规课堂模式的新型学习方式。教师引领学生思考如何将课堂所学落实到日常行为中，以点滴行动回报父母之爱。

一天的研学活动，紧张而充实。同学们在研学手册上，饱含深情地为自己的妈妈写下一封封感人至深的信。

稚嫩而童真的文字，情深而意切的行动，是"感恩于心，回报于行"的最好写照。我们深刻地感受到：最好的课堂在路上。

党的十九大报告指出，要深入挖掘中华优秀传统文化蕴含的思想观念、人文精神、道德规范，结合时代要求继承创新，让中华文化展现出永久魅力和时代风采。"士不可以不弘毅，任重而道远。"我们担负着传承中华优秀传统文化的历史使命。跟着孟子去游学，只是我们探索实践的一种教学方式。我们将不断探寻传统文化与现代教育的契合点，实现知行合一、学以致用，让中华优秀传统文化真正走入学生的生活，滋养学生的心灵。

"明湖娃"探府城
——大明湖小学老街巷研学手记

沈　健

　　"养正育能，厚德一生。"大明湖小学作为山东省中华优秀传统文化传承示范校，一直致力于"让优秀传统文化浸润每个孩子心田"的研学实践活动。

　　20多年来，大明湖小学通过持续开展济南府城研学让学生了解泉城文化、善行厚德，培养学生家乡情怀，增强归属感和认同感。我校站在学生的角度，从学生的兴趣点切入：曲水亭街的流觞曲水、燕喜堂的鲁菜、剪子巷的打铁声、燕子李三的缩骨功、爱国的鞠思敏、季羡林在济南的童年生活、弭菊田研习书画……学生穿梭在济南青石黑瓦石板路的老街老巷之中，在传统文化的浸润中见证自己的成长。如今，只要您与"明湖娃"谈起济南，他们都会滔滔不绝，向您介绍济南的前世今生，那言语中透着热爱与自豪。

　　大明湖小学的研学立足于"我是谁""我的根脉""我的城市文化"。老街巷哺育了一代又一代的济南人。作为传承中华优秀传统文化的济南名校，大明湖小学带领"明湖娃"一起探寻老街老巷是必不可少的一课。

　　根据文献记载，老济南有着"九街十八巷七十二胡同"。每一条街巷、每一座院落、每一幢老屋、每一面影壁、每一棵老树、每一口泉眼等，都有一个故事，都蕴藏着济南独特的文化。城市的繁华丝毫没有掩盖老街巷的风韵。我们的研学就是一场由故事引入的文化之旅。

大明湖小学把研学范围锁定在了底蕴深厚的芙蓉巷到起凤桥街一线和宽厚里。教师在研学前利用主题班会进行研学动员，梳理了学生感兴趣的有关老街老巷的问题，为制订研学任务单做好参考依据。学生以学习小组为单位，每个小组研究一条本组最感兴趣的街巷，制订本组的活动计划方案。活动前学生就开始搜集资料，小组内每一位成员认领一项任务，将研究细化，如有关的传说和故事、街巷名字的由来、街巷中的名人、街巷中的老物件、街巷中的名泉等等。总而言之，我们的活动目标就是了解老街巷的文化，感受老济南的市井生活，体会寻访老街巷的乐趣，从而培养学生热爱家乡的情感。

社会研学资源是我们顺利开展研学活动的重要保障。我校与泉城路办事处、宽厚里管理处志愿者接洽，联系义工宣讲团和辖区党群服务中心，搜集大量有关老街巷的原始信息，本着安全、教育时效性、最大限度放大城市文化、交通便利等原则规划研学路线，力争让研学的整条路线均为老街老巷。

活动 1："明湖娃"行走老街巷

得天独厚的条件让我们走出校门就步入按察司街、尹家巷、县东巷、县前街、县西巷、珍池街、西辕门街、西更道街等老街老巷。在教师和社区志愿者的引导下，学生发现这些老街巷的命名很有特点——有很多街巷依府城衙门得名，如按察司街、县东巷、县前街、县西巷等等。他们在倾听和行走中感受独特的文化内涵。

春风拂过，让人感觉舒爽、清透。我们来到翔凤巷。负责翔凤巷小组的同学和志愿者介绍起这条济南最窄的小巷："东起平泉胡同，西止芙蓉街，是济南最窄的小巷，宽度仅为80厘米。此条小巷旧时为两边房子的墙缝形成，俗称'墙缝巷'，后取其谐音'翔凤巷'，寓意为让凤凰飞到这里图个吉祥。"这里与学生平日常走的宽阔大道形成鲜明对比，带给学生不一样的感受。学生走入这条窄巷，彼此谦让，依次通过。由于学生的到访，狭窄的巷子一下变得拥堵起来，来往的人、车自觉地与我们划分"界限"。此时，我们没有听到一声抱怨。在我们离开后小巷又恢复了往日的通畅。在这里，学生不仅感受到了巷子的宽度，还体会到了老济南人的温度——谦逊礼让的美德。

我们走出翔凤巷，沿着平泉胡同往北，一路来到金菊巷。研究金菊巷的小组便讲述起关于这条巷子的美丽传说和它昔日的繁华。金菊巷是连接芙蓉街与平泉胡同的一条街道，在翔凤巷北。金菊巷虽不长，但名气很大。巷子有几处完整的四合院院落。想感受老济南的奢华，非金菊巷莫属。金菊巷内有燕喜堂饭庄老宅。燕喜堂是济南老字号饭店，是旧时济南四大鲁菜馆之一。学生对鲁菜还真不陌生，大家争先恐后地报出耳熟能详的鲁菜名：九转大肠、滑炒里脊丝、糖醋鲤鱼、爆炒腰花等等。

我们沿着平泉胡同，一路走一路看，来到王府池子。听着志愿者的讲述，学生不自觉地手扶护栏，注视着泉池中如同珍珠漫撒的泉眼，忍不住畅想老济南"家家泉水、户户垂杨"的场景。泉水就在自家院子里，仿佛透过石板路的缝隙就会看见在石板下面潺潺流淌的泉水。

学生移步来到起凤桥街，泉水人家的氛围再一次感染了他们。一边是黑瓦花脊的老屋，一边是绿藻飘摇的清泉。泉水标志的门牌以及木质的对联古色古香，散发着古朴优雅的韵味。过腾蛟泉西拐，远远便望见一个漂亮的砖雕月亮门，旁边宽约 2 米的石桥便是起凤桥。石桥长约 3 米，乍看外表普通。踩在光滑如镜的青石板上，却能感受到岁月的磨砺。学生站在起凤桥畔，不约而同地把目光向水中投去。他们喜爱那摇曳的水草、悠闲自在的鱼虾。他们仿佛也来到了溪中，畅享济南的怡然。名泉、小桥、流水、人家是如此自然、美丽、和谐。

我们穿过马市街，便来到济南老城最有文化味的街——贡院墙根街。这里最吸引学生的是贡院墙根街的状元墙。志愿者娓娓道来："这面墙原为明清时期济南贡院正门外的照壁，是济南古城区中最大的带两翼的影壁墙。

状元墙绘制了从唐代武德五年（622）壬午科到清代光绪三十年（1904）甲辰科，可考证的 36 名山东籍状元。"学生来到状元墙前肃然起敬，从文字中感受千年来山东的荣耀。他们在了解科举考试的同时，也将这些先贤视为自己勤学上进的榜样。他们在实现自己梦想的路上又多了一份激励。

走进老街巷，走进老济南尘封的记忆，寻访老济南原汁原味的生活与美好。通过一草一木、一砖一石、一池一泉、一街一巷、一铺一店，学生品味深厚的济南文化，感受悠久的历史情怀，这正是我们的研学目的。

活动 2：探寻宽厚里的"前世今生"

对于离大明湖小学 400 米的宽厚里，学生并不陌生，但提起宽厚里的"前世今生"，他们却一脸茫然。为解除他们的疑惑，我们一起走进现在的宽厚里。

寻访宽厚里前，学生查阅了大量关于宽厚里的历史资料。我们又请来宽厚里管理处工作人员进行了系统的介绍。宽厚所街与司里街、所里街、后营坊街并称"济南四大名街"。宽厚所街前身为"王府南街"，或称"南王府街"，因北侧建有东、西小王府而得名。宽厚所街已有 400 余年的历史。这条全长约 400 米的东西向老街以住宅为主，聚集着多座著名的大院，被称为"民居博物馆"。其中比较著名的大院有金家大院、袁家大院、魏家大院、沈家大院、张家大院等。现在保留有济南唯一的两层四合院——金家大院，还有唯一得以完整保存的会馆建筑——浙闽会馆。

2008 年左右，解放阁及舜井街片区开始拆迁改造，并将历史文化街区保护纳入其中，宽厚里的重生自然也孕育其中。2015 年 9 月 28 日，重建的宽厚里正式开街。

如今的宽厚里在世茂国际广场的南区，东临解放阁，西临泉城广场，南与黑虎泉泉群一路之隔，地理位置优越，是一片崭新的建筑群。现在的宽厚里是具有很高价值的商业旅游街区，处处透露着老济南的古朴与泉城特色。

我们在宽厚里穿梭，如数家珍般地寻找济南的"根"。这里没有泉城路商业街的喧嚣，有的是青砖古朴的宁静，有的是复古雅致的建筑。青石板路、小桥流水人家和各种仿古石雕构成了一幅北方江南的水墨画。婀娜的绿植与黑瓦花脊的老屋遥相呼应。我们一边欣赏古色古香的小巷，一边寻找着济南的文化符号。

济南老建筑——

在宽厚里南侧有一大门，大门前蹲着一对威猛的大石狮子，这里便是著名的浙闽会馆。它始建于清代同治十二年（1873），是由旅居济南的浙江、福建两省人士集资修建的。浙闽会馆主体建筑为木质结构，雕刻、彩绘精致，为人们研究会馆历史文化、建筑技术、雕刻彩绘艺术、民俗文化等提供了实物参考。据悉，当年每逢节庆之日，浙闽官绅集聚于此，募捐、议事、祀神、会餐、请戏班唱戏等，热闹非凡。济南北上京津，南下沪杭，是重要的交通要道，商贾云集。这些客居在外的商人为了便于开展商业活动，加强同乡之间的联谊和协作，纷纷在济南建设会馆。

在宽厚里西北角，一座中西合璧的二层古楼引起了学生的注意，这便是金家大院。金家大院是一座四合院，大约建于 1910 年，是清末历城知县金有大的宅第，也称金有大官邸。解放阁及舜井街片区拆迁改造时特意保留了金家的四合院。在济南老城，金家大院是中西合璧的典型代表，其雕刻精美在济南可以说是独一份。石制或砖砌拱券门窗上镶嵌着玻璃,尽显西洋特色。学生不禁联想起济南自开商埠后中西文化的交融和经济的繁荣。

济南老字号——

学生走在宽厚里的主街上,不难发现宽厚里是济南老字号的一张名片。宽厚里虽是旧址重生,但经过精心打造,聚集了老济南耳熟能详的老字号商铺——草包包子、益康点心、弘春美斋油旋、黄家烤肉、野风酥、会仙楼、颜家菜、便宜坊、宏济堂、章丘铁锅……行走在宽厚里,我们不仅看到了青石板路、黛色砖瓦、木棂门窗、仿古雕塑,还感受到了老济南的历史、老济南的情感、老济南的味道。老字号让宽厚里承载的文化更加厚重。宽厚里通过老字号勾起济南人对这座城市的记忆。

宽厚里是济南老字号最集中的区域。学生随机采访了几位从老字号走出来的游人。这些游人基本上是外地游客,他们来宽厚里的目的是体验老济南的特色文化。他们纷纷表示,来到宽厚里如愿以偿,在这里不仅可以品尝到济南老字号的各种老味道,还能体会到老济南的文化韵味。

包容、新潮、时尚的宽厚里——

如今的宽厚里不仅极具地方特色,还有着全国各地的小吃和商品。学生在这里见到了全国闻名的小吃,如长沙臭豆腐、武汉鸭脖、西安烤面筋、大连铁板鱿鱼、哈尔滨冰激凌……古香古色的小商铺中出售着来自全国乃至世界各地的商品,如京广洋货、南糖纸烟、云南特色工艺品、苏杭丝绸、广绣草编、俄罗斯套娃……

学生新奇地发现宽厚里有着自己的"文艺范儿",散发着时尚的气息。各种"小清新""小文艺"的书吧、音乐吧、手作吧、酒吧、咖啡厅在这里随处可见,充满艺术与优雅的氛围,这真是古典与现代的完美结合。这里有年轻人别样的生活,有他们想要的情调。他们在这里感知似水年华,谈论"二哈"的好笑故事,与"喵星人"一起享受午后的慢节奏生活……有的学生还兴奋地说:"宽厚里是'网红'景点,大家都来这里打卡。抖音里'连音社'

的'大本营'就在宽厚里呢！"是呀，宽厚里的夜市除了各种美食的飘香，还有帅哥靓女们的歌声与琴声。这里的生活是惬意的，是令人回味的。通过访问我们还得知，宽厚里经常举办各种音乐节、艺术节，结合传统节日开展民俗活动已经成为这里的常态。

在研学活动即将结束的时候，我们幸运地遇到了一位原来住在宽厚所街的老爷爷。学生随即采访了他，请他谈谈故地重游的感受。老人说，这里曾经有横竖十八条街，外人来到这里经常迷路。他小时候就住在这里，后来因为旧城改造拆迁，他离开了住了半辈子的老街巷。过去的宽厚所街弯弯曲曲，窄小的石路凹凸不平。小时候的他在这里与小伙伴捉迷藏，爬上屋檐摸麻雀蛋，拽过石台上打盹儿的猫的尾巴，在水洼中跳来跳去，这些也曾给他带来许多的乐趣。那时宽厚所街的生活是那样简单，那是老济南原汁原味的生活。现在他经常来宽厚里看看，他喜欢这里的热闹，喜欢这里的建筑，喜欢这里的老口味，更喜欢这里老济南的记忆。

学生重温老济南的故事，传承老济南的温情，浸润在老济南的传统文化之中。

老街巷仿佛就是老城的血脉，牵引着一届又一届"明湖娃"。老街巷的研学不仅仅是让"明湖娃"欣赏泉水人家的美景，更是深入感受老济南文化中的养正与厚德。

立德树人，借助研学践行"养正育能"，让学生浸润在优秀传统文化之中，潜移默化地实现"厚德一生"，这正是践行社会主义核心价值观掷地有声的诠释，也正是我们研学的思路和目标。

用传统文化浸润学生心灵

郭亚楠

随着时代的发展，传统文化经历了历史的沉淀，已经逐步成为社会精神文明的重要组成部分。教育部印发的《完善中华优秀传统文化教育指导纲要》指出，要将"坚持弘扬中华优秀传统文化与学习借鉴国外优秀文化成果相结合。既要高度重视培养学生的民族自信心、自豪感，又要注重引导学生树立世界眼光，博采众长"。

大明湖小学在传统文化教育的道路上持续创新，并进一步提出"养正教育"办学特色。大明湖小学地处济南市老城区。在老城区成长起来的"明湖娃"从小受老济南文化熏陶，有着优越的地理优势。

传统文化能够使学生的内心沉淀下来，帮助学生更好地提升文化素养。我校通过"诵读经典，养正润心""文化浸润，养正立行""班本课程，养正润美"，让传统文化内化于学生的心灵，外化于学生的言行。具体做法如下：

一 诵读经典，养正润心

习惯养成对学生可持续发展有着重要作用。中华民族历来有懂礼、习礼、守礼、重礼的优良传统。这也为我校进行良好习惯养成教育提供了源头活水。

一日之计在于晨，一晨之计在于读。"弟子规，圣人训。首孝悌，次谨信。

泛爱众，而亲仁……"每天清晨，学校都会传来琅琅的诵读声。《弟子规》《三字经》这些脍炙人口的古文名篇，都化成了悠长的诵读声。除了老师范读，学生跟读、领读、齐读、赛读，师生合读等形式，还有传统的"吟诵"、伴随游戏的"拍手读"。同学们对国学诵读兴趣越来越浓厚，表现越来越自主。在琅琅的读书声中，同学们增加了文化储备，浸润了童心，也培育了气质。背诵经典不是目的，学以致用才是关键。

我校以传统文化教会学生明理、守纪。一些学生活泼好动，易冲动，缺乏自制力，而且往往以自我为中心，发生矛盾时，往往会给自己找理由，弱化自己的问题。在经典的浸润中，在故事的启迪中，在与生活的对接中，孩子们有了很大的变化。课间孩子们打闹的现象越来越少，静心读书的孩子越来越多，因为他们明白"天行健，君子以自强不息"的道理。孩子们学会尊重父母，因为他们知道"孝弟也者，其为仁之本与"。孩子们与他人交往，"己所不欲，勿施于人""老吾老以及人之老，幼吾幼以及人之幼"。传统文化思想中蕴含许许多多为人处世的道理。我校根据学生的个性特点、具体事件，有针对性地对学生进行思想引导，帮助学生养成良好的行为习惯。

二　文化浸润，养正立行

中国传统节日源远流长、意蕴深厚，留存着人类独特的文化记忆。春节、元宵节、清明节、端午节、中秋节、重阳节……一个节日一道风景，散发着历史与文化的芳香。这些节日在学生心中播下热爱传统文化、弘扬民族精神的种子。

（一）我们的传统节日——端午节

1. 知端午

在端午节前，我校以班级为单位召开班会，讲述"端午节"的由来以及爱国诗人屈原的故事，激发同学们的爱国热情与民族情怀。

2. 品端午

同学们在端午节到来之际包粽子、吃粽子、插艾叶、挂香包，感受中华民族文化的博大精深。

3. 诵端午

我校以"传经典文化，诵经典诗词"为主题举办端午经典诗词诵读会，让同学们进一步了解传统文化的内涵，增强了同学们热爱祖国、热爱家乡的情感。

（二）我们的传统节日——中秋节

悠悠秋风起，又见中秋到。为了让同学们在丰富有趣的实践活动中了解传统佳节风俗，体验中华传统文化魅力，我校开展了"共度多彩中秋"实践活动。

1. 巧手秀中秋

揉馅、包裹、压模，一个个拥有漂亮图案的月饼慢慢呈现在大家面前。同学们动手制作各式各样的美味月饼。

2. 中秋诗词诵读大会

举办别具一格的中秋诗词诵读大会。同学们身着古装，用稚嫩柔美的嗓音吟诗一首，留下充满童趣的诗篇。

3. 展硬笔风采，抒中秋情思

墨香翰林，中华书香文化源远流长。执一方墨宝，体味秋思情意，共书团圆佳话，体会汉字书写之美。同学们展现自我，书写中秋诗文，传承中华文化，培养爱国情怀。

（三）我们的传统节日——重阳节

"百善孝为先"是我们中华民族的传统美德。为了迎接重阳节这个特殊的日子，更好地传承我国传统节日，培养学生从小敬老爱老的美德，各班级围绕"尊老敬老，爱在重阳"开展了主题活动。

1. 走进社区

重阳节前夕，同学们走进社区，为老人们献上精心准备的民乐合奏《映山红》。孩子们精彩的表演获得了爷爷奶奶的欢笑声和阵阵掌声。

2. 我为长辈做件事

重阳节，班级开展了"我为长辈做件事"活动，号召同学们为长辈做一次饭、沏一杯茶、洗一次脚、揉一次肩、唱一首歌等，向长辈表达心意。

通过重阳节活动，尊老、敬老、爱老的情感在大家心中深深地扎根发芽。同学们懂得了要关心、关爱老人。"老吾老以及人之老"的社会风尚得以发扬。

同学们认识到，节日不仅仅是日历牌上的一张纸，还承载着中华文化的精神与内涵。做中国人，过中国节，这是一件多么值得自豪的事情。这份浓浓的中国情在学生心头荡漾开去，而传承文化的种子也在学生幼小的心田生根发芽。我们期待着它开花结果的那一天。

三　班本课程，养正润美

为了传承和保护非物质文化遗产，在继承优良传统文化的基础上，培养学生对非遗传承与保护的兴趣，我校以"传非遗，承古风，做代言"为主题，进行特色班级课程建设。班级分别从传统技艺、传统游戏、泥塑艺术、民间故事和剪纸艺术等五个方面为切入点，由点及面，辐射到每个学期。

班本课程——传非遗，承古风，做代言			
课程名称	时间	课程内容	课程效果
传统技艺	一年级上学期	活字印刷、木版年画	了解民间艺术，体验民俗艺术品的制作过程
传统游戏	一年级下学期	铁环、翻花绳、跳绳	全体学生一起动起来，让非遗文化活起来，融入学生生活
泥塑艺术	二年级上学期	了解泥塑历史起源、制作工艺	培养动脑、动手能力，促进审美能力和创新能力的发展
民间故事	二年级下学期	表演故事、阅读漂流	让学生从多个维度解读民间故事，同时提升对文化的审美和鉴赏力
剪纸艺术	三年级	名作欣赏、技巧训练、美化生活	使学生能够领略剪纸之美，学会欣赏，提升审美能力，体验剪纸创作的快乐

　　未来，我们仍将继续探索传统文化教育新路径，在孩子们纯真的心灵里播撒优秀传统文化的种子，最终达成弘扬传统文化、培育民族精神、培养健全人格的目标。

固"养正"之本，展"劳动"之美

——大明湖小学"创意假期·趣味家务"活动案例

李　鹏

　　根据《中共中央　国务院关于全面加强新时代大中小学劳动教育的意见》的要求，大明湖小学秉承"尊重儿童天性，培养健全人格"的办学理念，把握育人导向，注重教育实效，实现知行合一，增强学生劳动意识，让学生感受劳动的快乐，展现新时代好少年良好的精神风貌。

　　大明湖小学利用假期，结合"养正育能"办学特色，从"剪纸述冬奥，一起向未来""感念父母之恩，劳动回报于行""品二十四节气，体验劳动之趣""践行志愿服务，奉献劳动之美"四个方面开展主题为"固'养正'之本，展'劳动'之美"的"创意假期·趣味家务"劳动教育活动。

一　剪纸述冬奥，一起向未来

　　"剪纸"是大明湖小学的经典课程，以弘扬民族文化和审美教育为核心，注重培养学生对剪纸的爱好及情感。学生以北京 2022 年冬奥会和冬残奥会吉祥物"冰墩墩""雪容融"以及运动员比赛风采、2022 年生肖虎等为主要内容，创作冬奥和春节相关主题的一系列剪纸作品。学生在愉快的剪纸实践活动中，运用多种技法创造剪纸作品，展现才艺，表达情感，陶冶情操，感受民族文化的博大，民族自豪感油然而生。

二 感念父母之恩，劳动回报于行

大明湖小学将劳动教育融入孝行之中，引导学生感受父母的辛苦，对长辈常怀感恩之心。让学生在劳动中提高劳动能力，理解劳动内涵，珍视劳动成果。引导学生在家身体力行，从生活中的小事做起，用点滴行动来报答父母。真正做到在劳动实践中践行孝心，真正做到"感恩于心，回报于行"。

低、中、高年级分别以"自己的事情自己做""我为家人做点事""争当劳动小能手"三个专题，鼓励学生学习日常生活劳动的技能，体验劳动的快乐，养成良好的劳动习惯，能够积极主动地做力所能及的家务劳动。低年级学生以自理能力为主，围绕劳动意识的启蒙，让学生锻炼自理能力，感知劳动的乐趣，明确劳动的必要性。中、高年级围绕卫生、劳动习惯养成，让学生做好个人清洁，主动分担家务，适当参加公益劳动，学会与他人合作，体会劳动的光荣性。

三 品二十四节气，体验劳动之趣

二十四节气是中国古代劳动人民智慧的结晶，是中国传统文化的象征符号。大明湖小学以二十四节气为切入点，从生活情境中发现教育资源，坚持教育与生活劳动、艺术体验、社会实践相结合，通过阅读、观察、实践、探究、体验等方式全方位地探索节气文化，于四季轮回间感受传统文化的丰富与美好。在课程板块中，我校设计了与节气相联系的劳动实践活动、民风民俗体验、生活技能练习、科学实验尝试等活动，充分展现了劳动课程的综合性、实践性、趣味性。

寒假期间，结合冬季节气制作养生食谱，让学生学习烹饪，展示厨艺。低年级的活动主题是"我和蔬菜交朋友""吃饭有讲究"。孩子们在父母的指导下了解瓜果蔬菜，参与制订每日菜谱，学习合理搭配膳食，分工合作烹饪创意菜、拿手菜。中、高年级的活动主题是"学做家常菜""面点制作"。

孩子们通过学习简单的烹饪，逐步掌握日常生活所需的基本技能，从中体会到劳动的乐趣，逐步养成爱做家务的习惯，培养热爱劳动、热爱生活的意识。

四　践行志愿服务，奉献劳动之美

假期期间，各班以小组为单位，组织学生开展"走进社区""学雷锋在行动""尊老爱老好少年"等活动，为社区建设服务，增强学生关心生活、关心社会以及自觉为社区服务的意识。积极践行垃圾分类，做好小小志愿者，从小树立环境保护意识。

创意假期，趣味家务。全体学生在动手操作中、在合作探究中，积极探寻劳动教育中的传统文化内涵，感受劳动人民的智慧和幸福。通过厨艺展示、卫生清洁、垃圾分类等活动，增强学生的动手实践能力，进而使学生感受劳动的乐趣，形成积极的劳动态度，积极参与志愿活动，初步树立助人为乐的品质和承担社会责任的精神。

大明湖小学也将继续在"养正育能"办学特色的引领下，以"立德树人"为根本目标，将劳动教育贯通学校和社会，实现启智润心、以劳育人的目的，让每一个学生享受成长的快乐和成功的喜悦。

教师手记：重走孟母三迁路

王　昱

　　伴随着清晨的阳光，我和五年级的学生们踏上了前往孟子故里的研学之旅。"天将降大任于是人也，必先苦其心志，劳其筋骨，饿其体肤，空乏其身，行拂乱其所为，所以动心忍性，曾益其所不能。"孟子的这句话时常萦绕在我的脑海中。"重走三迁路，回报养育恩"是我们此行的主题。

　　孟子故里，一个充满历史文化底蕴的地方。孟子的智慧和教诲穿越千年，至今仍熠熠生辉。孩子们在这里不仅感受到了孟子思想的伟大，更领悟到了实践与学习相结合的重要性。

　　"古树参天绕旧祠，遍地丰碑满壁诗。"在孟庙，同学们欣赏了千姿百态的古树名木，感受到宏伟壮观的孟庙独有的绚丽色彩。在"孟母断机处""孟母三迁祠"等碑林石刻前，我们一起吟诵《三字经》，更加真切地感受到了母爱的伟大，也充分感受到孟庙厚重的历史文化气息。我们依次参观了亚圣殿、启圣殿、孟母殿、天震井、"洞槐望月"等研学地点。在亚圣殿门前的祭拜亚圣仪式中，同学们正衣冠，行鞠躬礼，齐声诵读孟子箴言。置身孟府，通过了解孟子的成长故事，孩子们感受到良好的学习环境和学习习惯对一个人成长的作用之大，体会到孟子的"性善说"，对"勿以恶小而为之，勿以善小而不为"有了更加深刻的认识。

　　孩子们在孟府赐书楼前举行了庄严的拜师礼仪式。递拜师帖，献束脩六礼。"同学们，孟子曾说：'仁者爱人，爱人者人恒爱之。'"我指着孟子雕像旁的石碑说。石碑上刻着孟子的原话。孩子们围在石碑周围，认真聆听。这些古老的智慧如同种子，播撒在孩子们纯真的心田。师者回礼、启蒙开笔、敬茶感恩等等，每项仪程都包含着深意，每项仪程都充满了浓浓的传统文化的氛围，让孩子们感受到了传统文化的博大精深。

在孟子故居，孩子们亲手触摸历史的痕迹，感受孟子当年的勤奋和坚毅。他们互相讨论孟子的教诲，思考如何在生活中践行这些智慧。"'尽信书则不如无书。'同学们，我们要时刻保持怀疑的态度认真思考，这样才能真正学到知识。"我引用孟子的原话，鼓励孩子们在实践中思考、发现和领悟。通过亲身体验，孩子们深刻认识到"读万卷书，不如行万里路"的道理。

回程的路上，孩子们纷纷表示要将孟子的教诲践行到生活中。他们懂得了仁爱、谦和、礼让等美好品质的重要性，他们明白了"行万里路"对于人生的重要意义，也更加珍惜"读万卷书"的机会。望着渐渐远去的孟子故里，孩子们心中充满了感激与敬仰。他们将永远铭记这段难忘的经历，让孟子的智慧照亮他们的人生之路。而孟子的名言，也将伴随他们一路成长，成为他们追求卓越、勇攀高峰的动力源泉。

经历是最好的成长，研学是最美的相遇。一天的传统文化体验之旅，给同学们留下了美好的回忆，让同学们受益匪浅。精彩的活动也使师生们真切体验到了中华优秀传统文化的魅力，增强了民族自豪感。在游中学，实现"研"有所思，"学"有所获，"行"有所成。

向古人借智慧

——六（1）班班本课程

王海兰

国学、传统文化是大明湖小学的校本课程。通过六年的传统文化学习，学生积累了大量儒家文化经典名句。这些经典名句涵盖了中国价值体系"仁、义、礼、智、信"中的核心内容。要内化经典名句中蕴含的思想，就要跟实际生活相结合。"向古人借智慧"是六（1）班本学年的班级特色。

中国近代教育家蔡元培曾说："教育是帮助被教育的人，给他能发展自己的能力，完成他的人格，于人类文化上能尽一分子的责任；不是把被教育的人，造成一种特别器具给抱有他种目的的人去应用的。"我国古代大思想家孔子也说过："君子不器。"所以，不要把学生变成只会学习的人，要让学生在阅读经典中掌握生活的智慧，打破固有的思维习惯，强化内在的生活体验，让学生获得成长的内驱力。

荀子《劝学》曰："不积跬步，无以至千里；不积小流，无以成江海。"

这句话告诉我们要重视每一步的积累，要实现远大的目标，必须关注过程。本学年，我们针对学生学习情况开展了日清、周清、月清的管理模式，达到要求的同学将获得"小五星"，每周根据得星的多少颁发喜报、奖状。学习贵在坚持，也贵在专注。认真对待每次活动，做到不敷衍、不应付。在活动中培养良好的品质，树立自信心，增强班级凝聚力。在假期寻访党员的活动中，很多同学制作了高水平的寻访"秀米"；在开学升旗仪式上，同学们积极展示优秀作品；在班级红色经典诵读比赛中，同学们均有精彩的表现；在学校科技节活动中，同学们积极动手动脑，感受科技对生活的改变；在学校艺术节的班级合唱比赛中，同学们获得优秀奖；在学校"中华母亲节"的活动中，展示歌曲《国家》的手语表演获得好评；在学校运动会的入场式和韵律操比赛中，同学们均有出色表现。

宋·朱熹《〈大学章句〉序》曰："人生八岁，则自王公以下，至于庶人之子弟，皆入小学，而教之以洒扫应对进退之节，礼乐射御书数之文。"

子曰："不能正其身，如正人何？"

朱熹认为小学要教给孩子"洒扫应对进退之节"，就是要教给学生基本的生活技能，让学生养成良好的生活习惯，学会与人相处。本学年我们细化了班级卫生岗位分工，落实了检查机制，开展了班级日志轮流记录管理制度。人人参与班级管理，践行孔子所说的"不能正其身，如正人何？"，极大地调动了学生的自律性和自我管理意识。

孔子曰："君子有九思：视思明，听思聪，色思温，貌思恭，言思忠，事思敬，疑思问，忿思难，见得思义。"

孔子的"九思"给了我们清晰的提醒：学习和生活中要引导学生深度思考，让学生慢慢形成严谨的思维习惯。我们在语文学习中，鼓励学生每单元选择重点课文和课外阅读篇目梳理创意思维导图；开展辩论赛，让学生学会有理有据地表达观点；开展"遇见——从此不同"的项目化学习研究，引导学生抓住生活中的点滴感悟进行分享交流，丰富内心感受。

子曰："知者不惑，仁者不忧，勇者不惧。"

孔子的话告诉我们生活中要做一个智者、仁者、勇者。本学期六年级学生进行了为期一周的拓展训练。有的学生从来没有参与过集体生活，心理上难免有些惧怕。孔子的话给了学生战胜自己的勇气。他们不但积极参与每天的训练，还在训练中勇敢挑战自我，圆满完成了各项拓展任务。

　　　　子在川上曰："逝者如斯夫！不舍昼夜。"

　　时光流逝，转眼六年的小学生活即将结束，同学们精心制作了属于自己的毕业纪念册，在校园中留下自己最美的身影，互相分享老师写给自己的一封信，憧憬着美好的初中生活。最后一天，他们把教室打扫得一尘不染，为小学生活画上一个圆满的句号。

　　"向古人借智慧"经过一年的实践，已初见成效。希望即将走进初中大门的六（1）班的学子们，带着母校的嘱托和祝福，扬帆起航。

教学篇

我是民间故事传承人
—— 弘扬优秀文化　传承优秀品质

王奕丽　王　艳

一　项目背景

习近平总书记指出："讲清楚中华优秀传统文化是中华民族的突出优势，是我们最深厚的文化软实力。"口耳相传的民间故事，蕴含着人们对美好生活的向往与追求。了解和学习民间故事，不仅能让学生在阅读民间故事中感受到朴素的价值观，还有助于中华优秀传统文化的传播与渗透。结合部编版语文五年级上册第三单元的学习，我们开展了"我是民间故事传承人——弘扬优秀文化　传承优秀品质"的项目化学习活动。

二　核心概念

利用连环画、创造性地复述等方法，加深对民间故事的了解，弘扬中华优秀传统文化，传承优秀品质。

三 学习目标

1. 能借助结构图、思维导图等梳理民间故事的主要内容。

2. 能利用增加情节、用他人的口吻、画连环画等方法创造性地复述故事。

3. 能激发对民间故事的阅读兴趣，搜集与故事相关的诗词、俗语或传统习俗，了解相关的传统文化。

4. 通过项目式学习，培养善于思考、主动探究、交流合作的能力。

四 驱动性问题

就"我是民间故事传承人——如何弘扬优秀文化、传承优秀品质"这一驱动性问题，组织学生开展民间故事的研读之旅，旨在帮助学生更加深入、广泛地了解民间故事的更多内容及艺术形式，并结合学生自身的理解进行创造性复述。

五 教学准备

1. 学生在课前进行民间故事的搜集、筛选、阅读。

2. 课堂上完成民间故事连环画的绘制。

3. 课后制作讲述民间故事的视频。

六 教学过程

任务一：寻访之旅开启（2课时）

从《中国民间故事精选》这本书入手，提供民间故事阅读记录单，让学生自主设计阅读计划表并进行阅读，在读书过程中根据自己的阅读体验对书中故事进行梳理记录，初步感受民间故事的特点。

任务二：寻访之旅第一站《猎人海力布》（2课时）
　　　　寻访之旅第二站《牛郎织女》（2课时）

　　1.学习本单元课文《猎人海力布》《牛郎织女》，练习用他人口吻、发挥想象、丰富故事情节等方式将故事讲得更生动。创造性地复述要以理解故事内容为基础，引导学生找到"创造"的生发点，鼓励学生大胆想象，丰富故事内容。

　　2.学生掌握阅读民间故事的方法，并运用到对《中国民间故事精选》整本书的阅读中。

任务三：寻访之旅终点站"民间故事推荐会"（2课时）

　　学生选择自己喜欢的方式把民间故事推荐给他人。可以绘制连环画，可以录制视频，可以推荐家乡的民间故事。这些耳熟能详的故事在同学们的笔下、口中鲜活灵动。这样的阅读实践作业既加深了学生对故事的理解，又夯实了学生阅读的成果。

七　项目实施

项目导引课

　　1.让学生明确本单元的学习任务：阅读民间故事，并创造性地复述民间故事。

　　2.明确什么是民间故事。对于民间故事，学生并不陌生——幼年时听过，课本里学过，课外书里读过。依托"快乐读书吧"的导读，让学生知道：民间故事是老百姓口耳相传的，是寄托人们美好愿望的；民间故事有动人的情节，有精彩的人物；不仅中国有民间故事，世界各地都有民间故事。这一环节，重在激发学生阅读的兴趣。

3. 从《中国民间故事精选》这本书入手。该书一共收录了 34 篇经典民间故事，将其中脍炙人口的几篇推荐给学生，如"中国四大民间故事"，进一步激发学生的阅读兴趣。

4. 引导学生借助阅读记录单，做好阅读计划，从喜欢的篇目开始有计划地阅读民间故事。

该活动以课外学习活动为主，制订阅读计划，小组内分享、点评。

【设计意图】学习初始阶段，为学生推荐经典民间故事，减少学生查找资源的盲目性，提高学习效率。

项目探究课

活动任务 1：用他人口吻讲故事

在"海力布故事会"学习任务中，学生研读课文《猎人海力布》，用绘制思维导图的方式梳理故事情节，并练习用海力布的口吻简单讲述故事。在此过程中明确缩写故事时需要在删减、概括、改写的基础上保留重要情节。

在"乡亲们讲海力布的故事"活动环节，引导学生转换人称，学会转述，并关注不同人物口吻下对情节顺序的处理。

"石头的自述"活动则是启发学生转变复述思维，活化事物主线，将故事复述得丰富而精彩。

三场活动指向不同，在实践中逐步实现"缩写故事""转换人称讲故事"的创造性复述任务要求。

活动任务 2：发挥想象、丰富故事情节讲故事

"牛郎织女故事会"活动的开展，重在引导学生依据原本的故事情节，大胆发挥想象，将故事讲得合理而又富有创造性。

这一环节，提供情节片段的对比，让学生明确，要想将故事讲得生动具体，就要学会"添油加醋"，明确"添""加"的重点是感受故事中人物的心理、情感，适时地增加动作、表情等，并且要使用生动的、口语化的语言。

【设计意图】培养学生的语言概括能力、语言表达能力以及想象力。

项目展示课

展示课设计了三个小活动——"画出那动人的故事""喜欢的故事我爱讲"和"民间故事小短剧"。

1. "画出那动人的故事"这一活动，引导学生以绘制连环画的形式再现民间故事的精彩内容。学生可以选择故事中的一个或多个情节来进行绘制。

2. "喜欢的故事我爱讲"分为两个环节：首先提出讲故事比赛要求，小组按要求练习讲述故事。可以推选一个人讲，其他人从内容、语言、动作、服装等方面提建议；可以一人主讲，组内其他成员配合表演；也可以是其他自主创造的讲述形式。讲述故事时鼓励使用多媒体。第二个环节是正式比赛，每个小组都可以公平公正地给其他小组打分，评出班级"故事大王"。比赛结束后，邀请"故事大王"向全班同学介绍自己是怎样把故事讲得吸引人的，以此回顾创造性复述故事的方法。

3. "民间故事小短剧"这个活动需要小组成员密切配合。教师需要及时跟进、适时指导，及时提醒学生充分运用本单元学到的相关知识，使民间故事更加立体化。

【设计意图】让学生学会团队协作，鼓励学生勇于展现自我。

八 项目评价

故事名称	阅读自评	阅读感受
《牛郎织女》	☆☆☆	
《白蛇传》	☆☆☆	
《梁山伯与祝英台》	☆☆☆	
《孟姜女哭长城》	☆☆☆	

评价标准		自评	小评委评分
普通话标准，语言生动，语调富有变化		☆ ☆ ☆	
声情并茂，富有感染力		☆ ☆ ☆	
创造性地复述故事	以他人口吻说故事	☆ ☆ ☆	
	大胆想象，合理增加故事情节	☆ ☆ ☆	
	改变情节顺序，设置悬念	☆ ☆ ☆	
服饰得体、大方		☆ ☆ ☆	

	项目	评价内容	个人自评	小组互评	教师评价
项目过程评价	合作精神	项目全程积极参与、高度配合	☆ ☆ ☆ ☆	☆ ☆ ☆ ☆	☆ ☆ ☆ ☆
		认真思考、为项目出谋划策	☆ ☆ ☆ ☆	☆ ☆ ☆ ☆	☆ ☆ ☆ ☆
	能力提升	文明地进行人际沟通和社会交往	☆ ☆ ☆ ☆	☆ ☆ ☆ ☆	☆ ☆ ☆ ☆
		用口头或图文等方式表达自己的见闻和想法	☆ ☆ ☆ ☆	☆ ☆ ☆ ☆	☆ ☆ ☆ ☆
		实践能力强，能够亲自参加项目制作	☆ ☆ ☆ ☆	☆ ☆ ☆ ☆	☆ ☆ ☆ ☆
	感悟收获	感受到中国源远流长的传统文化	☆ ☆ ☆ ☆	☆ ☆ ☆ ☆	☆ ☆ ☆ ☆

【设计意图】为学生提供自评或互评的方法和机会，让学生明确自己处于哪种状态。

九 项目成效

学科项目化学习的成果呈现是整个学习过程中不可缺少的部分，是由原先的完成机械作业转变为解决驱动问题。在大单元教学中，每个任务板块都设计了相应的成果呈现方式，并且都有一定的指向性，与学习目标相一致。例如，"寻访之旅开启"活动成果以阅读记录卡的方式呈现。学生不但填写了表单，而且在阅读后发生思维碰撞，发现民间故事的独特之处。在"海力布故事会"中，学生自觉参与其中，思维过程是具有真实性的，并且在讲述中习得转述、概述、补白、转变等创造性复述的策略。此外，成果呈现不仅指向个人也指向团队。如"民间故事小短剧""喜欢的故事我爱讲"活动呈现的都是团队的学习成果，而"画出那动人的故事"则更倾向于个人创作，让每位学生的学习质量都得到保证。

另外，"寻访民间故事，传承优秀文化"项目化学习活动的开展，让学生充分领略了民间故事的传奇色彩和丰富想象，民间故事主人公身上所闪耀的人性之美也深深地感染着学生。在搜集阅读民间故事的过程中，学生体验了中华传统文化的乐趣，感受到传统文化的魅力。在讲述民间故事和连环画的创作中，学生感受到民间故事形象的语言、神奇的情节及通俗易懂的为人处世之道。在演绎民间故事的过程中，学生爱上了我们的传统文化。

在神话中探寻民族精神
——我心目中的大英雄

郭　骏　郭亚楠

　　大概念引领下的单元整体教学是《义务教育课程方案（2022 年版）》倡导的课程实施方式，是发展学科核心素养的重要路径。就语文学科而言，如何开展大概念引领下的单元整体教学？

　　大概念引领下的单元整体教学要突出单元的关键能力培养点，找到单元学习知识与能力之间的关系，梳理单元各篇文章知识的关联，提炼单元大概念，按关键能力组建课堂，实现多篇统讲、单元建构。我们主要从以下四个步骤来实施单元整体教学：一是单元统整教学的支点——找准单元大概念；二是单元统整教学的指挥棒——明确单元学习目标；三是单元统整教学的路线图——制订单元教学计划；四是单元统整的有效评价——多元多维促进学生发展。

一　单元统整教学的支点——找准单元大概念（关键能力培养点）

　　找准单元关键能力培养点，整合单元内容，要从深入解读单元人文主题内涵和提炼单元大概念两方面着手。

（一）深入解读单元人文主题内涵

　　统编版小学语文教材注重单元的整体性编排，每个单元选材都有明确指向，单元教学目标清晰。在单元主题的教学中，教师要先立足单元主题，明确单篇选文与单元主题之间的关系，把握单篇选文在单元教学中的地位与作用。四年级第四单元设计的人文主题是"神话故事"，选取了古今中外的4篇经典神话故事，其中3篇为中国神话，1篇为古希腊神话。在教学时，我们需要关注人文主题的学习，引导学生在整体感知神话特点的同时，感受神话的神圣庄严和宏大气魄，明确神话是古代劳动人民对自然和世界的独特理解及神奇想象。

单元学习主题要围绕神话的特点来展开，可以让学生在体验和对比中感知神话的特点，如童话和神话同属于"故事"，都需要抓住人物形象和故事情节，但基于不同的文体特点，赏析童话和神话时又各有侧重。童话的语言比较纯真、有趣，神话则更显庄严、神圣。

（二）提炼单元大概念

单元大概念（单元关键能力）是落实语文学科核心素养的需求，也是组织课堂的关键。统编小学语文教材以人文主题和语文要素双线并行，人文主题创设单元学习的主题情境，语文要素规定单元语文训练的要点，二者是确定单元大概念的重要抓手。围绕单元主题，找到单元大概念（单元关键能力），需要教师在充分理解单元主题的前提下去解构单元里的选文和挖掘单元的语文训练要素，进而提炼单元大概念（单元关键能力）培养点。

我国当代著名语文教育家朱绍禹教授把语文阅读分为复述性阅读、解释性阅读、评价性阅读、创造性阅读。阅读能力层次性划分标准主要是以阅读过程中思维发展的程度为依据的。四年级上册神话单元的4篇文章都围绕着"了解故事的起因、经过、结果，串联全文"和"感受神话中神奇的想象和鲜明的人物形象"两个知识点来编排，突出了阅读理解中复述性阅读和解释性阅读的关键能力。

因此，本单元的大概念可以提炼为：神话故事的复述性与解释性阅读及创造性表达。具体阐述如下：

整个单元按照"起因、经过、结果"讲述神奇的神话故事，关联的是"把握文章主要内容""体会神话的神奇"两个主要知识点。知识点与大概念之间要进一步建立联系：如体会神话的"神奇"可从"情节神奇"方面，让学生提取信息并梳理，落实复述性阅读的关键能力；再如体会神话的"神奇"还可从人物外貌的神奇、力量的神奇和想法的神奇等方面让学生通过想象画面、品读语言，落实解释性阅读这一关键能力的培养。单元习作的安排要与创造性表达的能力相关联。

二　单元统整教学的指挥棒——明确单元学习目标

1.认识"劈""浊""丈"等31个生字，读准"少""还""脏"3个多音字，会写"睁""翻"等34个常用字，积累"腾云驾雾""上天入地"等8个词语。

2.能正确、流利地朗读课文。背诵《精卫填海》《嫦娥》。

3.能了解故事的起因、经过、结果，把握文章的主要内容。

4.能感受神话中神奇的想象和鲜明的人物形象。

5.能产生阅读中国神话和世界经典神话的兴趣。能感受阅读神话故事的快乐，乐于与大家分享课外阅读的成果。

6.能选择一个自己喜欢的神话人物，围绕"我和XXX过一天"展开想象，写一个故事。

三　单元统整教学的路线图——制订单元教学计划

本单元，我们围绕"神话故事"这一人文主题，根据单元大概念和学习目标，设计了三个相关任务群：神话知多少、展开想象话神奇、穿越时空的奇遇。同时我们整合课内外资源，做好单元的整体规划和具体的分课时设计，确定每堂课需要关联的单元学习任务和教学计划。

根据单元大概念培养的要求，通过任务群的形式重新安排了单元学习内容和教学方法，设计了"神话故事"主题单元的教学规划。

任务群		单元大概念：神话故事的复述性与解释性阅读及创造性表达			
任务	篇目	要点	拓展链接	关键能力培养点	课时安排
神话知多少	开启课	初步领略到神话神奇的想象带来的文化震撼力	"晒晒我的书单" "评选热点神话" "热点神话故事沙龙"	提取并梳理信息，落实复述性阅读能力的培养	1
展开想象话神奇	《盘古开天地》《女娲补天》	1. 按照事情发展的顺序记叙：提炼文本信息，完整讲述具体经过 2. 感受神话人物的典型特点：盘古是用神力开天地、化万物；女娲是勇敢顽强、智慧能干、甘于奉献	《羿射九日》《女娲补天》	1. 提取并梳理信息，落实复述性阅读能力的培养 2. 通过把握神奇的情节与人物形象，落实解释性阅读能力的培养	3
	《普罗米修斯》	1. 按事情发展的顺序，讲述普罗米修斯盗火的故事，完整地讲故事 2. 构思巧妙，内容离奇，情节曲折，感人至深 3. 感受神话人物的典型特点：为民造福，不惜牺牲自己	《燧人氏钻木取火》	1. 提取信息并梳理逻辑关系，落实复述性阅读能力的培养 2. 通过把握神奇的情节与人物形象，落实解释性阅读能力的培养	2
	《精卫填海》《嫦娥》	1. 借助注释和插图，抓住关键词，发挥想象，补充故事，用自己的话讲述精卫填海和嫦娥的故事 2. 感受神话人物的典型特点：精卫是坚忍执着；嫦娥是勇于追求自由	"精卫填海的故事" "嫦娥奔月的故事"	发挥想象，不断丰富故事内容，落实创造性表达能力的培养	2

任务	篇目	要点	拓展链接	关键能力培养点	课时安排
穿越时空的奇遇	绘制人物图谱	制作形式多样的人物图谱，展现鲜明的神话人物形象	"绘制'英雄旅程图'""绘制人物关系图""制作'英雄榜'"	绘制人物图谱，进一步感受神话鲜明的人物形象，落实理解性阅读和创造性表达能力的培养	1
	我和神话人物过一天	1.确定神话人物，构思大概情节 2.创作注意安排叙述顺序，想象神奇情节	"习作创作与评改交流"	拟写单元习作"我和神话人物过一天"，落实创造性表达能力的培养	2
	神话故事巡演	1.根据神话故事，创作剧本 2.排演神话故事，塑造鲜明的神话人物形象 3.排演神话故事，展示曲折与神奇的情节	"神话故事会""神话演播厅""神话作品展"	通过创作、展示落实创造性表达能力的培养	1

"神话知多少"任务侧重引领学生了解神话故事的特点，"展开想象话神奇"侧重让学生感受神话中神奇的想象和鲜明的人物形象，"穿越时空的奇遇"侧重培养学生课外阅读兴趣与习作的创造性表达。

（一）任务一：神话故事知多少

儿童天生对神话充满好奇，丰富的想象让他们着迷，超凡的神力令他们神往，蕴含的人文精神使他们收获成长的力量……基于学生对神话故事的兴趣，基于神话故事的文化价值，在学生进入正式的单元学习之前，先安排前置性学习——提前让学生阅读"快乐读书吧"的推荐书目及其他感兴趣的神话，观看神话类电影。通过大量阅读和观影，学生漫游在神话广阔的天地之间，初步领略到神话神奇的想象带来的文化震撼力。这一阶段的阅读是自主阅读，让学生从心底爱上神话，为本单元的学习奠定基础。

具体以"分享展示我读过的神话故事"为载体展开。课堂展示板块主要分为三个部分：

1.晒晒我的书单，晒书单能进一步激发自主阅读的欲望，体验到阅读带来的自信。

2.评选热点神话，可以帮助教师了解学情，知道学生喜爱的神话故事有哪些，引领学生仔细阅读这些神话。

3.热点神话故事沙龙，引导学生大胆讲述自己喜爱的神话。

在任务一的学习活动中，课堂学习"舞台"的主人公是学生。他们感受到阅读神话的快乐，讲述神话的乐趣，领略到远古先民的智慧与力量，心中升腾起深深的文化认同感和自豪感。

（二）任务二：展开想象话神奇

单元统整教学以教材为依托，单篇教学融合在单元大概念之下，分解成若干彼此关联的子任务。这些子任务都为终极任务的达成不断奠基，不断推进。任务二"展开想象话神奇"在学习教材四篇课文的基础上，融入二年级学习的《羿射九日》、阅读链接中的《燧人氏钻木取火》、"快乐读书吧"的推荐书目《中国神话传说》及语文园地中的《嫦娥》等相关神话故事，通过梯度安排、比较阅读、尝试扩写等策略，确保单元学习内容指向单元大概念的落实，促进学生关键能力的提高。

1.初步把握神话的主要内容，落实复述性阅读能力的培养

（1）关注梯度，层级推进复述性阅读能力的落实

《盘古开天地》和《女娲补天》都是中国创世纪神话，对故事的起因、发展、结果都不难找到，安排在单元学习的第一部分。《普罗米修斯》是古希腊神话，在起因、经过、结果的安排上更曲折离奇，在故事的发展上存在知识的递进关系，安排在单元学习的第二部分。引入《中国燧人氏钻木取火》的材料，引导学生把希腊神话人物与中国神话人物进行对比，突出取火方式的不同，体会不同国家的神话故事的不同，进一步感受中国人浓厚的人定胜天的积极思想。任务学习第三部分安排精读《精卫填

海》和《嫦娥》。它们都具有短而精的特点，其内容的丰富、故事的曲折需要学生加以想象和补充，在这里通过"尝试扩写"，引导学生综合运用前面所学的知识。

（2）关注策略，精准推进复述性阅读能力的落实

①勾勒动态画面，把握故事的主要内容

《盘古开天地》中，盘古一出场就"在混沌之中睡了一万八千年"，接着，"他一使劲翻身坐了起来""对着眼前的黑暗劈过去"，而后"站在天地当中"，进而"撑在天和地之间"，最后"累得倒下了"。这些引语几乎均衡分布在每个自然段中。

教学中，可引导学生先一边读课文一边想象画面，圈画盘古是怎么做的，而后辅以简笔画或剪影式动画，勾画盘古的"睡""坐""站""撑""倒"五个动态画面。如此图文并置，形成线索，就可以简要说说盘古开天地的过程。在此基础上，学生就可以体味每一个行为的"神奇"。比如学生读了"有个叫盘古的巨人，在混沌之中睡了一万八千年"，便可以思考："巨人"是什么样的？盘古与一般的巨人相比又是怎样的？"一万八千年"是怎样的时间跨度？神话的每一个片段、每一句言语，几乎都是不可思议的。如此，就可以丰富上述每一个动态画面，进而说清楚盘古开天地的过程了。

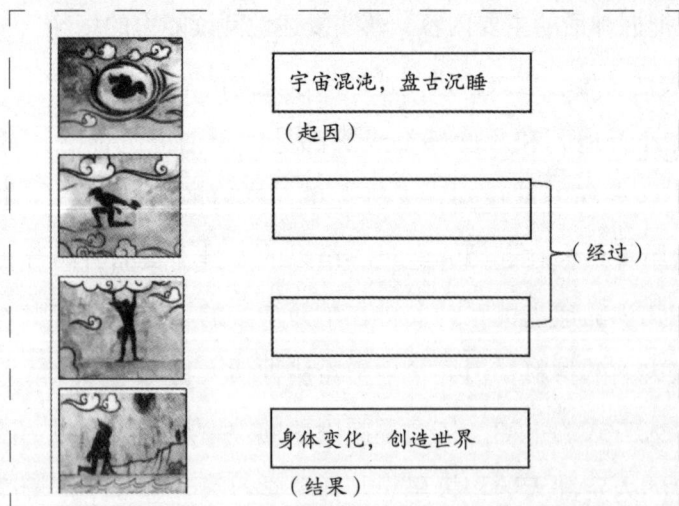

宇宙混沌，盘古沉睡（起因）

（经过）

身体变化，创造世界（结果）

②利用图表支架，把握故事的主要内容

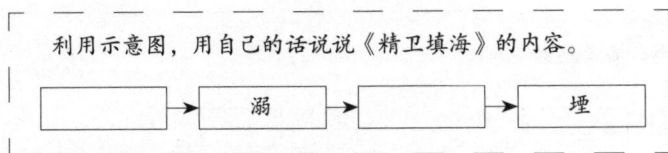

利用示意图，用自己的话说说《精卫填海》的内容。

	溺		埋

③梳理情节逻辑，把握故事的主要内容

《普罗米修斯》主要叙述了盗取火种、拒绝认错、忍受磨难和获得解救四个情节。需要指出的是，本文描述的重点并非盗火，而是盗火的后果——"受难"。也就是说，故事的起因是盗取火种，经过是拒绝认错和忍受磨难，结果是获得解救。

故事人物		阅读感受
故事	起因	
	经过	
	结果	

④组合场景拼图，把握故事的主要内容

《女娲补天》其实包含了"共工怒触不周山"和"女娲补天"两个神话。前者是作为后者的"起因"出现的。但是，两者同为"女娲补天"的重要组成部分。

学生在学习《盘古开天地》的基础上，可以默读课文并思考《女娲补天》的起因、经过、结果，而后根据自己的理解说一说。需要注意的是，起因，即"共工怒触不周山"，不宜多费周章，应引导学生重点关注"经过"，即"女娲补天"，此处需组合场景拼图。这项"巨大而又艰难的工作"，可以分为"补天"和"修地"两个方面，其中前者包括炼彩石以补天、断龟足立四方两个场景，后者则包括杀黑龙慑野兽、积芦灰堵地缝两个场景。将这四个场景拼接组合，就是完整的女娲补天的经过。在运用思维导图帮助学生梳理了故事的主要内容后，引导学生发挥自己的想象，试着把女娲从各地捡来五种颜色石头的过程说清楚、说生动。这也是为第七单元"关注主要人物和事件，学习把握文章的主要内容"做准备。

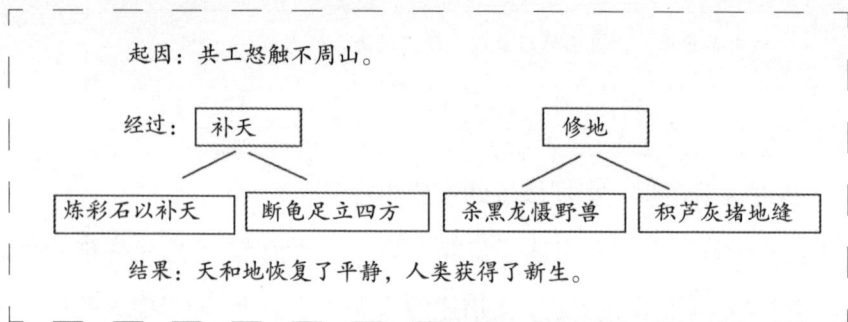

起因：共工怒触不周山。

经过： 补天　　　　　　　　　修地

炼彩石以补天　断龟足立四方　杀黑龙慑野兽　积芦灰堵地缝

结果：天和地恢复了平静，人类获得了新生。

2. 感受神话的神奇，落实解释性阅读能力的培养

神话故事的神奇想象令人叹为观止，既体现了先民对自然现象和文化现象的解释充满想象，也寄寓了人类的自我期待和美好向往。感受神话中神奇的想象，不仅是对神话本质特征的理解，也是培养学生解释性阅读能力的重要途径。

（1）品味关键情节，想象画面，领略神奇想象

神话故事的情节发展，往往挣脱了人类现实生活的限制，向人力不能及的方向展开，进而与朴素的宇宙观、近乎无所不能的神明形象相辅相成。

教学《普罗米修斯》"受难"一段中的"他既不能动弹，也不能睡觉，日夜遭受着风吹雨淋的痛苦"，可以引导学生先体验"不能动弹"是怎样的感觉，然后讨论"不能睡觉"又如何，再想象"风吹雨淋"是什么感受。一步步叠加，不断丰富体验。至于鹫鹰"用它尖利的嘴巴，啄食他的肝脏"，则可以引导学生举起双臂，想象肝脏正一点点被撕扯，直到全部消失，而后周而复始。通过对情节的逐一还原，引导学生彼此交流："故事中哪个情节触动了你？"感同身受才能言之有物、言之有理。正是诸如"不能睡觉"、肝脏重生，以及《盘古开天地》中开天辟地、顶天立地、化育万物，《女娲补天》中补天、修地这些神思飞扬的情节，与人类的普遍经验相去甚远，让学生领略到神话的神奇想象。

（2）解读人物形象，通过语言、动作，领略神奇想象

无论是盘古、女娲，还是普罗米修斯，诸神一般都具有常人的感情，更有常人难以企及的神力。这也是人类囿于自身的能力，寄寓美好愿望的表现。

①关注神奇"外形"，激发想象空间

在学习神话时，教材会通过一些插图帮助学生了解神话故事和神话中的人物。这些插图，可以丰富学生的阅读体验，让他们直观、形象地感受神话人物不同于普通人的特点，从而激起其阅读兴趣、激发想象空间。

在《盘古开天地》一文中，插图只展示了盘古的大体轮廓，没有细致描绘，却通过天地、云朵等的对比，突出了盘古的无穷神力。这样的插图，能让学生感悟到先民在创造这些神话人物时，既有天马行空的想象，又有对世界的形成、对生命起源的探寻，以此加深学生的审美体验，进而提升审美能力。

②关注"神奇力量"，探究故事深意

神话中的"神奇力量"是先民对于自身有限的能力的一种补充想象，即希望通过这样充满力量的人物，表达自己对美好生活、美好未来的期望。比如，在《盘古开天地》中，盘古用一把大斧头，劈开了混沌之气；头顶天，脚踩地，还会每日生长，撑起天地；盘古死后，其气息、双眼、汗毛都变成了大自然中不可或缺的东西……这就是盘古的神力，也是先民对于世界形成的一种探寻和思考。教师在教学时，既要关注盘古力量的神奇，也要引领学生思考先民赋予盘古如此神力的原因，从而领会先民的智慧与精神。比如教学《女娲补天》，围绕"这可是一项巨大而又艰难的工作"，分别叙述了女娲炼彩石以补天、断龟足立四方、杀黑龙慑野兽和积芦灰堵地缝四项工作，塑造了一个大爱无疆、甘于奉献的女神形象。不难推断，这与洪水泛滥、野兽袭击等灾害相关。先民希望出现一个能拯救万民于水火的人物，于是就创造了具有超能力的神明——女娲，这也与其"抟土造人"一脉相承。"五种颜色的石头被炼成了黏稠的石浆""芦灰越积越厚，把喷涌洪水的地缝也堵住了"，无不化腐朽为神奇，让读者既感到不可思议，又觉得合情合理。

"从此，天上便有了五色的云霞"，再次体现了先民对自然现象充满想象的理解。至于盘古的伟岸形象和牺牲精神、普罗米修斯的仁爱品质和坚贞性格，同样可以从人物的言谈举止中得以感受和领会。

③关注"神奇想法"，创编精彩篇章

神话中的"神奇想法"是造就神话"神奇"特点的根本所在。教学《女娲补天》时，以"寻找神奇"为线索，以问题"你从文中哪里读出了神奇？"统领课堂，以此探"补天器物"之奇，悟"前后呼应"之用。赤、青、黄、白、黑五彩石炼液补天与天边常常可见的五彩云霞相互照应，古今对照，现实与奇幻连接，形成了独特的美感。品"补天历程"之奇，探"动作描写"之妙。"捡""燃""炼""补"一系列动作一气呵成，不畏艰辛、勇敢善良的女娲形象跃然纸上。在品析词句的过程中，学生自然习得了"想象之法"，即想象要依托于曲折的情节、夸张的表达、形象的画面。

神话人物	神奇的外形	神奇的力量	神奇的想象
盘古			
精卫			
普罗米修斯			
女娲			

3. 语文园地，落实基础知识的学习

此课时通过"识字加油站""词句段运用"板块，落实整个单元基础知识的学习。

（三）任务三：穿越时空的奇遇

"穿越古今的奇遇"围绕梳理、讲述、写作、表演等形式，以"我喜欢的神话人物"贯穿"绘制神话人物图谱""我和神话人物过一天""神话故事巡演"三个活动，将语文学习、儿童生活和文化传承提高到新的层面。学生重新梳理所积累的神话故事，用自己的审美方式重新诠释神话故事，用创新的思维撰写充满神奇色彩的故事，用合作的力量传承神奇的神话故事。

1.绘制神话人物图谱

绘制自己喜欢的神话人物，与同伴分享他（她）的重要事件和精神品格，通过多种形式展示鲜明的神话人物形象。

一是绘制"英雄旅程图"。主要通过生动形象的思维导图形式，再一次引领学生通过了解故事的起因、经过、结果，梳理故事的主要脉络，把握文章的主要内容。

二是绘制人物关系图。"快乐读书吧"推荐阅读的《希腊神话》中有众多的人物形象，他们之间有着千丝万缕的联系。这些故事中的各种角色是怎么联系在一起的呢？教师可以帮助学生梳理故事中的人物关系，引导学生绘制人物关系图，进而更轻松地把握故事的主要内容。

三是制作"英雄榜"。学生根据自主阅读的神话故事，选择印象深刻的神话人物，完成"英雄榜"的制作。榜单包括神话人物的外貌、品质、主要成就、人物关系、推荐理由，还可以留出空白请学生画一画喜欢的神话人物在自己心中的外观形象。

2.开启"我和神话人物过一天"故事创编活动

"我和神话人物过一天"的习作可以设计策略性支架，抓住"我""神话人物""一天"三个关键词来编写故事，安排"一天"的时间顺序，关联"神话人物"的神奇，切入"我"的叙事角度，结合现实困难，融入神话色彩，按起因、经过、结果布局整篇文章，与整个单元的教学重点相吻合，做到读写结合、学以致用。

在课堂上使用思维导图，能进一步激发学生的习作兴趣，帮助学生拓宽和理清写作思路，厘清"我和神话人物过一天"的基本脉络和线索，选

我和神话人物过一天

```
我和神话人物过一天
    └─ 我
        ├─ 我讲述  我和神话人物共同经历一件事情
        └─ 我与神话人物相遇
    └─ 神话人物
        ├─ 神奇之处
        └─ 神奇之事
            ├─ 起因
            ├─ 经过
            └─ 结果
    └─ 一天
        ├─ 普通一天
        ├─ 特殊一天
        └─ 时间节点
```

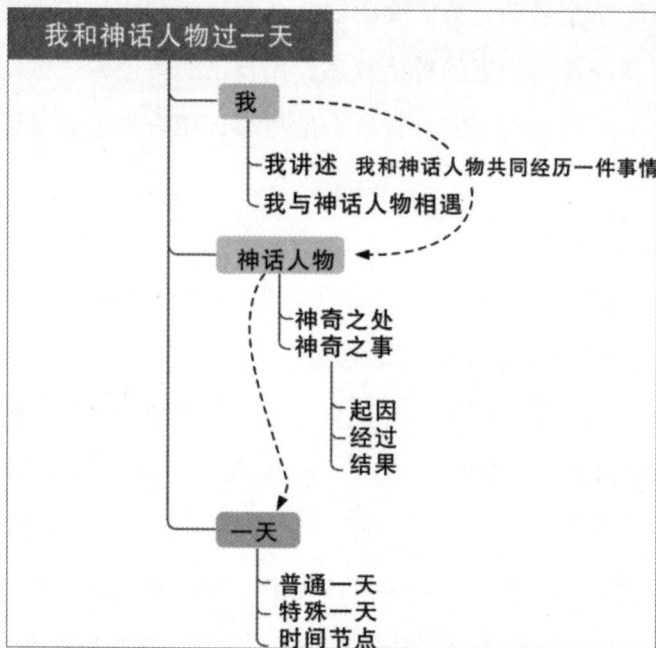

准叙事的角度，搭建习作的基本框架，教会学生明思路、定主线、列提纲，有效提升学生习作能力。

指导、练写、评价是习作教学的一个闭环。评价中，教师要给出具体的评价标准及评价细则，这样才能提高习作教学的有效性。本次习作从选材、组材、表达、创意四个维度设定不同的评价细则，引导学生评价习作。

同时，本次习作可以引入"学生自评、小组互评、老师评价"等多种评价。

教师设计提供的习作评价表能帮助学生迅速了解习作的基本要求和评价标准。学生通过评价表不仅知道怎样评价别人的习作，还能根据评价标准反思、修改自己的作品。在小组互评过程中，引导学生对习作评价以正面积极评价为主，自评以找自己的缺点为主，他评以找学生习作的优点为主。在评价不足时，引导学生具体指出修改的建议和方法，促进学生集体思考，合作修改，发挥团队的力量，促进学生的自我发展。

习作主题	故事：我和神话人物过一天			
习作要求	1. 写清楚起因、经过、结果 2. 不断丰富情节，丰满人物形象			
评价内容	习作评价细则	自评	互评	师评
选材	1. 选材积极向上，符合神话人物特点			
	2. 记录一天之内事件发生的过程			
组材	1. 有清晰的时间顺序			
	2. 事件选取比较典型，有意思			
	3. 内容详略得当，表达真情实感			
表达	1. 语句通顺，用词准确			
	2. 段落清楚，结构清晰			
	3. 使用修辞手法			
	4. 书写美观、规范			
创意	1. 语言有特色，符合神话人物的特点			
	2. 选材神奇有创意			
教师总评				
学生修改				

3. "神话故事巡演"

教师通过开展"神话故事会""神话演播厅""我和×××过一天习作展"等活动有效落实该学段"文学阅读与创意表达"任务群所提出的要求：引导学生在语文实践活动中，通过整体感知、联想想象，感受文学语言和人物形象的独特魅力，获得个性化的审美体验；了解文学作品的基本特点，欣赏和评价语言文字作品，提高审美品位。

"神话演播厅"为学生搭建展示的平台。学生自主选读课内或课外阅读的神话，编写剧本，小组合作排练，然后进行班级展演。演出在各班教室举行，推选出最佳节目进行年级巡演及学校巡演，依次评选"一星级""二星级""三星级"表演团队。学生为了在测评中取得好的评价，积极调动知识储备、语言积累和文化积淀进行剧本的编写和表演的编排。这对学生思维概括力、阅读理解力、审美创造力、语言表达力、舞台表现力等提出了更高的要求。学生也得到了更大的提升。准备过程中的态度与思考，节目表演时的精彩与自信，表演结束后的掌声与肯定，都可以作为评价的重要指标。学生在做中学、学中做，语文素养在生动活泼的学习活动中不断发展。

四　单元统整的有效评价——多元多维促进学生发展

（一）多元评价，正向激励

语文教学离不开"评价"。在评价的过程中要充分运用自评、小组互评、教师评价等多种形式，通过正面积极的点评激发自由真实的表达，充分发挥评价的正向激励作用。

（二）多维评价，落实"教学评"一致性

依据课程标准，教学目标的设计要关注核心素养和语文要素的落地。单元实施要聚焦学习任务的完成。在兼顾总结性评价和过程性评价中，我们更注重将过程性评价嵌入学习过程中，让学生在恰当的评价中获得成功的体验，激发其学习文学作品的兴趣和动机，发展其形象思维能力，从而通过文学鉴赏培养其高尚的审美情趣，通过文学创作提升其创新、创造的品质。

比如，本单元对应教学目标的评价任务是：《盘古开天地》《精卫填海》《普罗米修斯》《女娲补天》四个神话故事中有哪些神奇现象？故事人物有哪些神奇本领？边读边画边批注。在落实这一评价任务的过程中，可以

通过分享"故事补白"的形式，让学生呈现思维成果，通过教师评价和学生互评，检验学生能否运用想象画面的方法来体会神话的神奇之处。

再比如，习作教学中以"习作评价表"为支架，明确了评价的维度和要素，提高了习作评价的针对性，提升了学生的自我评价和互评的能力。语文实践活动"神话演播厅"也通过"星级评价"，为学生搭建起成长和进步的台阶，极大地调动了学生参与的积极性，保证了演出的质量。

五　总结

大概念引领下的单元统整教学对学生思维的发展、核心素养的培养有显而易见的促进作用。学生关键能力的形成和发展，是一个不断积累、不断提升的过程。关键能力的培养需要反复的语言实践。大概念引领下的单元统整教学需要有梯度、有规划、有系统的设计和实践。

在设计与实施的过程中，我们要坚持围绕单元人文主题和语文要素，找到单元主线，挖掘单元大概念（即关键能力培养点），设计单元学习计划，调整教学安排，构建学习支架，设计多维评价，这样才能做到"教学评"一致性，提高教学质量与效率。

"泉水叮咚"项目化学习方案

王 爽 刘 婷 史 磊

一 设计思路

济南泉水甲天下，泉水是济南的灵魂。济南的泉众多，如芙蓉泉、濯缨泉、杜康泉、金线泉、甘露泉、卧牛泉、漱玉泉、马跑泉等，可谓星罗棋布。大明湖小学处于老城区，紧挨着天下第一泉风景区，可谓是天时地利。学生对济南泉水的疑问也很多，比如：济南的泉是怎样形成的？趵突泉为什么会如此奇妙？我们希望通过"泉水叮咚"项目化学习活动，引导学生用数学的眼光更深入地了解济南深厚的"泉"文化，帮助学生解开这些关于泉的疑问。

二 设计内容

我们的"泉水叮咚"项目化学习包含三项内容：泉之思、泉之行、泉之乐。"泉之思"是让学生进行先期调研，初步了解济南的泉水奥秘。"泉之行"是让学生设计并画出合适的研学路线图，起点为学校，途中要涉及的景点有黑虎泉、趵突泉、五龙潭、大明湖，顺序不限。"泉之乐"是让学生根据提示，在大明湖风景区分别寻找到三个"明湖锦囊"，寻找到泉城幸福的密码。

（一）泉之思

1. 准备阶段

研学旅行不是说走就走的，要先进行调研，初步了解济南的泉水奥秘。

建议学生通过网络查找和图书馆查阅等方式，初步了解济南泉水的成因。学生还可以实地走访济南的趵突泉、黑虎泉、珍珠泉、五龙潭这四大泉群，通过实地采访、观看记录等方式了解济南泉水的历史、文化、故事等，从而提高学生与人交流的能力，增强热爱家乡的美好情感。

新课标中明确指出：培养学生"会用数学的语言表达现实世界"，让"学生初步感悟数学与现实世界的交流方式"，"逐步养成用数学语言表达与交流的习惯，形成跨学科的应用意识与实践能力"。

在准备阶段，我们给学生两个驱动性问题：如何在本次研学的实地参观和体验中，获得更深入的认识和更大的收获？在走进济南的名泉之前，要做好哪些知识准备？

我们给学生设计了图文结合的小贴士，让学生知道调研的方式多种多样：可以通过网络查找或图书馆查阅来了解济南泉水的成因，还可以利用我们的地理优势，去寻访有关泉水的故事或传说。

2. 实施阶段

在实施阶段这个环节，我们以表格的形式引导学生进行探究活动。探索主题有以下三个：

（1）济南为什么会有这么多泉水？济南的泉水是怎样形成的呢？

（2）名泉的故事或名泉的传说有哪些？

（3）你还想知道什么？写一写自己的收获。

让学生根据调研表格的提示去寻访和了解济南的泉水。如果能配上自己的摄影作品和绘画作品，就更精彩了！

3.学生调研成果展示

学生通过查阅资料和实地寻访，有了自己的调研成果。

学生通过查阅资料，了解了泉水的成因；通过实地寻访南丰祠，现场采风珍珠泉，知道了南丰先生曾巩的故事及珍珠泉的传说；在"我还想知道"这一环节，同学们了解了大明湖的青蛙不叫的原因，并且学会了描写泉水的好词佳句。

（二）泉之行

2022版数学新课标中提到："小学阶段，核心素养主要表现为：数感、量感、符号意识、运算能力、几何直观、空间观念、推理意识、数据意识、模型意识、应用意识、创新意识。""其中量感主要是指对事物的可测量属性及大小关系的直观感知。知道度量的意义，能够理解统一度量单位的必要性；会针对真实情境选择合适的度量单位进行度量，会在同一度量方法下进行不同单位的换算；初步感知度量工具和方法引起的误差，能合理得到或估计度量的结果。建立量感有助于养成用定量的方法认识和解决问题的习惯，是形成抽象能力和应用意识的经验基础。"

在"泉之行"板块，我们设计了天下第一泉风景区的研学之旅。

我们设计了驱动性问题：作为泉城娃娃，同学们将在"小水灵"的带领下对天下第一泉风景区开启一场研学之旅。老师和学生从学校出发，一路上要对黑虎泉、趵突泉、五龙潭、大明湖四个景点进行实地研究。在正式开启研学之前，学生在老师的指导下对研学路线进行研究规划。

这一环节的本质问题有两个：

1.初步体验单位"千米"产生的必要性，建立"千米"的正确表象。结合真实情境，体验不同方式行进1千米大概的时长，积累测量的经验，发展量感。

2.通过绘制平面图，理清景点之间的相对位置。

围绕本质问题，我们设计了以下两个任务目标：

1. 请你设计并画出合适的研学路线图，起点为学校，途中要涉及的景点有黑虎泉、趵突泉、五龙潭、大明湖，顺序不限。

注意：不要走冤枉路呦！

2. 根据目的地的远近选择你觉得合适的出行方式：步行、骑行或搭乘公共交通工具。沿着自己设计的路线图实地考察一下，分别记录下所行距离、所用时间。

注意：所行距离可以用我们学过的近似数来记录。

根据新课标提出的"让学生在真实情境中选择合适的度量单位进行度量，并会在同一度量方法下进行不同单位的换算"，我们给学生提供了一个学习小贴士，补充了三年级上学期将要学习的"千米"这个长度单位，让学生了解计量比较长的路程时用"千米"作单位比我们学过的用"米"作单位更合适。

在实施阶段，学生首先要完成研学线路图的设计。新课标提出："在日常生活情境中，会用上、下、左、右、前、后描述物体的相对位置；认识东、西、南、北四个方向。形成初步的空间观念。"学生在绘制平面图时，要考虑到学校及各个景点之间的相对位置，才能确定他们在平面图中上、下、左、右的位置关系。考虑到刚上完二年级的学生的认知特点，我们对学生所做路线图不做上北、下南、左西、右东这一要求，只要学校及四个景点的相对位置是正确的即可。

接下来，学生们就要选择合适的出行方式，沿着自己设计的路线图进行实地考察，分别记录下所行距离和所用时间。

对于这部分内容的设计，我们是考虑到只有让学生实际走一走才能知道1千米有多长、走1千米或者骑行1千米要用多少时间，以此来建立量感。

新课标在"应用意识"这一核心素养中提出："应用意识主要是指有意识地利用数学的概念、原理和方法解释现实世界中的现象与规律，解决现实世界中的问题。""应用意识有助于用学过的知识和方法解决简单的实际问题，养成理论联系实际的习惯，发展实践能力。"通过设计、考察我们的研学路线，相信你对"天下第一泉"风景区有了深入的了解。我们还设计了一项拓展任务：作为"小泉娃"，你想怎样向游览天下第一泉风景区的游客们推荐游览路线和出行方式呢？

除了完成项目手册外，有的学生还将研学过程绘制成数学绘本或录制成研学纪录片，多层次、多形式地展示了自己的学习成果。

（三）泉之乐

新课标提出："在主题活动中，学生将面对现实的背景，从数学的角度发现并提出问题，综合运用数学和其他学科的知识与方法，分析并解决问题。项目式学习的设计以解决现实问题为重点，综合应用数学和其他学科知识解决问题，体会数学知识的价值，以及数学与其他学科的关联。"

对于第三部分"泉之乐"，我们设计了学生喜闻乐见的"寻宝"形式的综合性主题活动，指向综合数学知识、融合其他学科知识的实际情境和真实问题。一方面在生活情境中，了解数学知识，并拓展到现实场景中，在简单的实际情境中正确判断方位，发展空间观念；另一方面引导学生感受数学与其他学科的联系，以及在解决实际问题中的作用，提高应用、推理意识。

我们设计的驱动性问题是：请你根据提示，在大明湖风景区分别寻找到三个"明湖锦囊"，寻找泉城幸福密码。此外，我们还设计了温馨的安全小贴士，给学生提示和鼓励的同时，介绍了调查、寻访的研学方法。

我们设计了三个任务目标：

1.在生活情境中，了解"几点钟方向"，能把这样的认识拓展到现实场景中，在简单的实际情境中正确判断方位，发展空间观念。

2.在寻找锦囊的过程中，引导学生用数学的眼光看泉，深入了解济南深厚的泉文化，用数学的思维思考泉文化，用数学的语言表达泉文化，让爱泉、护泉的意识生根发芽。

3. 积极参与活动，在活动中独立思考。了解数学可以描述生活中的一些现象，感受数学与生活的密切联系。

新课标"空间观念"中提到："学生能想象并表达物体的空间方位和相互之间的位置关系。"借助寻宝游戏，学生能根据描述发现、提取信息并解决问题，培养了学生的空间观念。

通过查找资料、自学老师提供的学习资源等途径，学生了解了"几点钟方向"这一课外数学方位知识。除了图片和文字资料的介绍，我们还为学生提供了视频讲解二维码，手机扫一扫便能了解更多"几点钟方向"的知识与应用。

在"寻宝"活动中，我们设计了三个宝藏锦囊——"江北第一楼""济南名士多"和"明湖景色美"，每一个锦囊中都有一个小问题。我们还在锦囊旁边设计了视频二维码。学生扫描二维码可以更全面、更深入地了解济南泉文化和济南名士。在积累学习经验的同时，学生可以用数学视野更深入地了解济南泉文化，从而培养家国情怀。

在研学路线沿湖行走段，我们还细心地设计了安全小贴士提醒。

新课标第二学段目标指出："愿意了解日常生活中与数学相关的信息，愿意参与数学学习活动。在他人的鼓励与引导下，体验克服困难、解决问题的成就，体会数学的作用，体验数学美。在学习过程中能提出自己的想法，在与他人交流的过程中，敢于质疑和反思。"

学生拿到手册后对这一部分的设计产生了浓厚的兴趣：常去的大明湖畔，竟然还有这么多不曾被发现的"秘密"！学生以小组或个人为单位开展了寻宝活动。他们互相鼓励、帮助、启发，克服种种困难，最终寻得全部锦囊，得到了幸福的体验。研学过后学生以多种形式梳理、记录学习成果。

静态形式：完成项目手册中的"泉之乐"部分，绘制寻宝路线图，绘制寻宝绘本，等等。

　　动态形式：录制寻宝小视频，演绎寻宝数学剧，等等。

　　数学课程要培养的学生核心素养之一，便是"会用数学的语言表达现实世界"。对于本次研学活动的作业成果，我们分层次设计了多种形式的"数学表达"方式，使不同层次的学生在本次研学过程中有不同的收获。

　　本次研学活动使学生经历了数学观察、数学思考、数学表达、概括归纳、迁移运用等学习过程，体会到数学是认识、理解、表达真实世界的工具、方法和语言，增强了认识真实世界、解决真实问题的能力，培养了学生的数学素养、创新意识、实践能力、社会担当等综合品质。

"走近济南文人"项目化学习方案

张海霞

济南历史上的名人可谓灿若群星，如唐代的秦琼，宋代的李清照、辛弃疾，元代的张养浩，明代的李开先，现代的任继愈、韩美林……我们通过设计并实施语文学科的项目化课程"走近济南文人"，引领学生走近济南历史文人，感悟他们跌宕的人生、喷薄的才华，学习他们的优秀品格。

本次项目化课程紧扣传统文化主题，立足传承与弘扬家乡优秀传统文化，通过拓展学习空间，搭建学习平台，意在引导学生运用自主、合作、探究的学习方式，提升文化素养，发展多元学习能力，厚植家国情怀。

一 项目化学习的设计与实施

（一）设计背景

1. 传承地域优秀传统文化，厚植家国情怀

中共中央办公厅、国务院办公厅印发的《关于实施中华优秀传统文化传承发展工程的意见》中提出：到 2025 年，中华优秀传统文化传承发展体系基本形成，研究阐发、教育普及、保护传承、创新发展、传播交流等方面协同推进并取得重要成果，具有中国特色、中国风格、中国气派的文化产品

更加丰富，文化自觉和文化自信显著增强，国家文化软实力的根基更为坚实，中华文化的国际影响力明显提升。

"走近济南文人"项目化课程紧扣传统文化主题，立足传承与弘扬家乡优秀传统文化，通过拓展学习空间，搭建学习平台，意在引导学生运用自主、合作、探究的学习方式，提升文化素养，发展多元学习能力，厚植家国情怀。

2. 发挥地理、文化资源优势，拓展学习空间

济南汉筑城，晋定邦，宋设府，清开埠，是一座具有悠久历史的古城，是国务院公布的国家历史文化名城之一。一城山，半城湖，荷柳绿，清泉流。一街一巷，都有一段生动的故事，都有一个美丽的传说。济南山明水秀，人才辈出。唐代大诗人杜甫曾在这里写下"海右此亭古，济南名士多"的佳句。中医科学的奠基人扁鹊，唐代名臣房玄龄，中国著名文学家李清照、辛弃疾、张养浩等均为济南人。另外，李白、杜甫、苏轼、曾巩等历代杰出的诗人学者，先后在济南生活游历过，并在此吟诗作赋。

本次项目化课程围绕曾经在济南生活、工作过的闵子骞、张养浩、辛弃疾、李清照、曾巩等著名文人展开学习。

大明湖小学地处老城区，对探究寻访、实地调研名人的生活、居住、学习和工作过的场所、经历，有得天独厚的条件。我们准备引领学生走近历史文人，感悟他们跌宕的人生、喷薄的才华，学习他们的优秀品格，形成健全人格。

3. 本土文化传承不足

当今时代信息量爆炸，学生时刻被新鲜事物冲击着感官，传统文化被边缘化。学生对国内外的一些风景名胜、历史名人非常熟悉，而对自己家乡的文化名人却很陌生。

诸多历史文人对济南有着极其深厚的感情，多篇对济南不乏赞美之情的作品被选入小学教材，学生对这些历史文人有很多亲近感。作为济南人，

我们应带领学生推广属于济南的名人文化，为打造城市文化品牌贡献力量。

4. 契合学校的办学特色

一直以来，大明湖小学致力于中华优秀传统文化在小学的实践研究。无论是"国学启蒙教育"的德行课程，还是"中华母亲节""走进老济南"等创新实践课程，都想通过文化熏陶与感染，提高学生文学素养。本次项目化学习课程契合学校一直以来的教育目标与研究方向，为学习提供了源头活水，营造了良好氛围。

5. 进一步提高多元素养，培养高阶思维

高阶思维是促进学生发展的核心能力，涵盖比较、分析、推论、概括等方面，是学生展开自主学习需要掌握的关键技能。

本次项目化课程教学中，我们恰当地结合课本知识，把握听、说、读、写、看以及搜集处理信息等知识的"脉搏"，通过合作探究的方式，促进学生人际交往、组织策划能力的提升。在具体的实践活动中，带领学生深入项目化任务的"腹地"，有效培养学生的多元素养和高阶思维能力。

（二）设计意图

小学语文项目化学习，是指在真实的情境中，以驱动性问题或任务为统领，以自主、合作、探究为主要学习方式，以公开的成果展示为目标，在具体的实践活动中发展学生的听、说、读、写、看以及搜集处理信息、人际交往、组织策划等能力。

教材对高年级学生的自主学习能力提出了更高的要求。开展本次项目化学习课程，重在提升学生的语文核心素养。语文学习的过程就是学习如何运用语言文字来表达思维的过程。我们带领学生透过语言文字，由表及里，由感性到理性，由语言到思想，挖掘深层内涵；并通过交流讨论、朗诵表演等成果展示，加深领悟，提升学生运用语言的能力。

1. 语言的建构与运用

学生在项目化课程的学习中，要对资料进行搜集、筛选、整理，然后阅读名家名篇，撰写人物传记。这为学生建构语言运用提供了有效途径。学生在小组交流、班级展示、朗诵表演中，会提高运用语言文字的能力，提升语文素养。

2. 思维的发展与提升

本次项目化学习的成果展示主要为：制作人物生平卡片、手抄报，撰写人物小传，朗诵表演，知识竞赛。在达成这一系列学习成果的过程中，学生的批判性思维和创新能力会得以提高，人际交往、组织策划等高阶思维能力会有所发展。

3. 审美鉴赏与创造

本次项目化学习课程的主要内容有：对李清照、辛弃疾、张养浩、曾巩的代表作品进行阅读与赏析，到闵子骞纪念祠和张养浩纪念地进行寻访活动，这可以为培养学生健康向上的审美情趣与文学鉴赏能力提供有效助力。

4. 文化传承与理解

在本次项目化学习课程中，学生不仅会受到优秀文学作品的熏陶，还能在行走的课程中探寻济南优秀的历史文化内涵。这对于拓宽学生的文化视野、提升文化自觉、增强文化自信都有帮助。

（三）学习目标

1. 通过了解济南著名文人的生平经历、作品成就，感悟其深刻的精神内涵。

2. 通过阅读名家作品和实地寻访，感悟济南丰厚的文化底蕴，增强地域文化自豪感。

3. 学生通过"人物小传展""经典朗诵表演""知识竞赛"等活动，丰富语言积累，提高感悟能力和文学素养。

4.学生通过学习和寻访济南文人，拓宽语文学习的内容，提高多元素养，陶冶美好情操，传承和弘扬家乡的优秀传统文化，厚植家国情怀。

（四）驱动性问题或任务

以"走近济南文人"为驱动性任务，以济南文人为切入点，通过项目化课程的实施，进一步提高学生的语言表达能力，培养家国情怀，传承中华优秀传统文化。

（五）学习任务设计与实施

1.人物解码，知晓名人

济南文人的事迹与成就是济南的文化灵魂、精神瑰宝。在"走近济南文人"项目化课程的起始课中，教师通过头脑风暴的形式，激发学生进一步探究济南文人生平事迹、作品成就的兴趣与热情。学生通过阅读、网络搜索等多种途径了解济南名人。这一阶段的学习成果是制作"济南名人生平卡"，包含代表作、生活经历、主要成就、精神品质、和济南的渊源等不同方面。此阶段，不局限于课本或老师的讲解，而是引领学生主动查阅，考察探究，整理分析。

2.阅读经典，感怀成就

根据分工，各班展开经典阅读环节。学生阅读闵子骞的故事，诵读、积累张养浩、辛弃疾、李清照、曾巩的经典诗词。这一阶段的学习成果是完成"名人小传"并进行展示。此阶段，学生利用早读时间，诵读经典作品。在阅读闵子骞传说和故事的过程中，学生结合国学课上学到的内容，再次深刻认识到闵子骞、颜回、冉伯牛、仲弓被列为孔门德行科的缘由。

3.寻访足迹，传承经典

在经历了"知晓名人"和"阅读经典"这两个阶段后，我们充分利用身边的文化资源，带领学生以小组为单位，在老师和家长的陪同下，利用周末或者节假日，前往名人故居、纪念馆或景点进行实地考察。学生参观了李清照纪念堂、辛弃疾纪念堂，瞻仰了闵子骞墓、张养浩墓，调查了闵子骞路的社区文化。通过探寻济南名人的足迹，学生感受到浓郁的文化气息与氛围。本阶段的学习成果为开展"济南文人故事会"和"诗词大赛"做好了准备。

在"济南文人故事会"活动中，学生讲济南文人故事，感受济南文人的美德、智慧与精神。

"诗词大赛"包含"才高八斗——文人常识"和"博览群诗——诗句积累"两大板块。"才高八斗——文人常识"主要考查学生对文人生平、成就的熟悉程度。有"必答""抢答""快问快答"环节。学生兴趣高涨，展示了前期的学习收获。"博览群诗——诗句积累"主要是诵读表演。学生吟诵济南名人的作品，通过诵读表演，提升了学生的多元素养。从创作编排到合作表演，发展了学生的语言运用、合作协调等多方面的关键能力。学生在积累诗文名篇的过程中，也产生了对经典诗文的阅读兴趣。同时，诵读的内容是济南文人的传世名篇，更激发起学生对家乡的自豪感。

4.学有所获，评价总结

这一阶段，通过积分评价、作品评价、展示评价、增值性评价等多个维度来提升课程学习效果。

（1）积分评价

该评价方式主要考查学生的参与度，每参加一项学习展示项目均可予以 10 分的奖励。

（2）作品评价

学生制作的名人生平卡、名人小传参与作品评价。教师、小组共同打分，主要评价学生的学习质量。

（3）展示评价

文人故事会和诗词大赛采用展示评价。主要是通过竞赛表演的形式，检验学生的学习质量。同时也注意显性评价与隐性评价相结合，不仅对学生的诵读表演质量进行打分，还对合作态度、努力程度进行打分。

（4）增值性评价

增值性评价主要是着眼于学生的自我提高与发展，属于加分项。在项目化课程的学习中，有的学生制作的名人小传作品无论是文字编纂还是美术设计均有出色的表现，可以进行增值加分。在小组寻访、合作比赛、诵读表演的过程中，组长承担了策划、组织、协调的任务，也可以给予增值加分。

评价要素	评价内容	自评等级	互评等级	师评等级	备注
学习品质	资料的搜集整理与归纳				
	同伴的合作与交流				
	实地考察能力与探究精神				
作品水平	结构清楚				
	表达流畅				
	制作精美				
	创意加分				
展示水平	声情并茂				
	感情真挚				
	仪态大方				
	竞赛表现				
增值加分	解决问题的意识				
	创新意识				
	挑战意识				

我们在评价时，重过程、重情感、重积累，强调了评价的激励性和多元性。这种评价方式，促进了学生多元素养和关键能力的提高。

"弘扬传统·粽情端午"传统节日项目化学习

张海霞

农历五月初五为端午节，又称端阳节、重午节、粽子节。它是中国的四大传统节日之一，也是中国首个入选世界非物质文化遗产的节日。端午节，不仅让我们体会到粽叶飘香、雄黄酒浓、龙舟竞渡等传统文化的芬芳，还让我们感受到屈原"亦余心之所善兮，虽九死其犹未悔"的爱国情怀。

一直以来，大明湖小学基于"养正育能"的办学特色，特别重视对传统节日的研究。淡淡艾叶香，浓浓端午情。针对端午佳节，我校开展了"弘扬传统·粽情端午"传统节日项目化学习课程。以学生核心素养发展为中心，以学生能力培养为价值导向，鼓励学生自主、合作、探究学习，探索端午节里的精神与气节，在实践研究中传承中华优秀传统文化，在讲述传统节日故事中传播中华优秀传统文化，让学生感受浓浓乡情和融融亲情，培养学生的民族自信心和自豪感，增强学生对端午节传统文化的热爱，激发学生的爱国热情。

一　项目设计核心概念

1.通过项目化学习，留存中华民族独特的传统节日文化记忆，感受端午节丰富独特的风俗传统，在继承和弘扬传统文化的同时，增强学生文化认同感和自豪感。

2.学生收集资料，研究端午风俗，领悟爱国精神，通过包粽子、赛龙舟、诵诗词、咏端午、讲端午故事等系列实践活动，营造浓厚的节日氛围，丰富节日体验。

二 驱动性问题

端午作为中华传统节日，被越来越多的人重视和喜爱，那么，端午节背后有怎样的传统习俗和文化内涵？如何对外输出中华传统文化，向外国友人讲好中华传统节日故事呢？

三 项目实施

学生们在老师的组织下自主成立了学习小组，制订了实践活动计划，按照任务分工有条不紊地收集资料、采集材料、手工制作、绘制图画……在活动中，学生学会了收集信息、整理信息，培养了协作、沟通能力，全面提升了语文综合素养。

该项目分为六个环节：

1.搜资料，研端午——我是小小记者；

2.诗词里的端午——我是小小吟诵家；

3.插艾叶，做艾虎——我是小主人；

4. 包粽子做青团，品粽味增情谊——我是小小美食家；

5. 巧设计，缝香包——我是劳动小达人；

6. 走出校门，宣传爱国情怀——我是泉城代言人。

每一环节设计若干问题，引导学生积极探索、深入研究，在解决问题的过程中揭秘传统文化，潜移默化地培养学生的文化自信、艺术审美、创新思维与能力。

（一）搜资料，研端午——我是小小记者

"知端午习俗"——这是一堂生动的传统文化课。师生一起研究交流端午节的来历及其文化内涵，知道祭屈原、包粽子、赛龙舟、挂艾草等端午习俗，宣传端午文化。

同学们聚到一起，共同学习了端午节的由来以及端午节相关的传统习俗。在互动环节中，同学们积极发言，将自己了解到的传统文化知识与大家分享。在轻松愉悦的氛围中，同学们对端午节有了更多的认识。

（二）诗词里的端午——我是小小吟诵家

与其他传统节日相比，端午节具有浓浓的爱国情怀。为了大力弘扬屈原的爱国精神，在活动创新中突出文化传承，老师号召学生诵读经典感受传统文化。通过朗诵一篇篇表达了对祖国、对家乡的无限深情的经典诗词，学生从诗词中感受到了爱国主义情感。在传统古诗词诵读环节，同学们踊跃参与，声情并茂地诵读精心准备的古诗词。大家感受到了中华优秀传统文化的魅力，增强了对中华优秀传统文化的热爱。

（三）插艾叶，做艾虎——我是小主人

民谚说："清明插柳，端午插艾。"在端午节，人们把插艾叶和菖蒲作为重要内容之一。家家都洒扫庭除，把菖蒲、艾叶插于门楣，悬于堂中，并用菖蒲、艾叶、榴花、蒜头、龙船花制成人形或虎形，称为"艾人""艾虎"。同学们积极行动起来，在家门口悬艾叶、菖蒲，增加了浓浓的节日气氛。

（四）包粽子做青团，品粽味增情谊——我是小小美食家

同学们开展包粽子活动，体会包粽子的快乐。不一会儿，就"粽"果累累。有的同学还为自己的粽子设计了有趣的宣传语：万水千山"粽"是情，独乐乐不如"粽"乐乐，努力才能更出"粽"，等等。吃着自己亲手包的粽子，品尝劳动的香甜，感受传统节日的魅力，幸福感满满。

（五）巧设计，缝香包——我是劳动小达人

佩香包是端午节传统习俗之一。人们用彩色丝线在彩绸上绣制出各种内涵古老神奇、博大精深的图案纹饰，缝制成形状各异、大小不等的小绣囊，内装多种浓烈芳香气味的中草药研制的细末。这就是香包，可作为漂亮的装饰品。学生可以将香包赠送给家人或同学，表达美好的愿望，共同体验端午节的快乐。

制作香包时，学生按需领取香料、布袋、艾草、棉花等材料。同学们互相配合，分工合作，利用准备好的材料开始缝制。他们一丝不苟，一针一线，打结、断线、装药、封口、隐线、嵌绳、串珠、结绳，一番忙碌和装饰后，一个个精美别致、健康环保的香包呈现在大家面前。此次端午节香包DIY活动，营造了浓厚的节日氛围，弘扬了中华民族传统文化，增进了同学们之间的情谊，加深了同学们对端午节传统文化的了解，提高了同学们的幸福感和归属感。

（六）走出校门，宣传爱国情怀——我是泉城代言人

同学们走出校园，来到了大明湖、趵突泉、千佛山等景区，对游客宣传济南的端午文化，并为游客奉上了一份景点手绘地图，展示泉城人民对各位游客的热忱。尽管天气炎热，同学们依然热情高涨，展现了小主人翁精神，用实际行动践行了"奉献、友爱、互助、进步"的志愿服务精神，成为泉城

代言人。通过此活动，大明湖小学的孩子们得到了一个展示的平台。我们惊喜地发现，每个孩子除了知识储备得到了提高，组织能力、与人交往的能力也有了不同程度的提升。

端午节不仅仅是个节日，更是中华民族智慧的结晶。屈原的爱国精神影响感召着一代又一代中华儿女。不管时光如何变迁，屈原永远生活在岁月的长河里，永远铭记在人们的心中！

锦衣华彩·大美国风

——高年级学生汉服项目化学习探究实践

王 艳

中华民族历史悠久，拥有十分丰富宝贵的文化遗产。大明湖小学为促进学生全方位发展，帮助学生树立继承和发扬传统文化的意识，举办过多次传统文化主题学习活动。近些年，随着传统文化复兴的潮流，汉服作为一种文化符号受到越来越多年轻人的青睐。不少地区举办汉服秀、汉服节等大型活动，不仅向大众普及了汉服知识，弘扬了中华优秀传统文化，同时也增强了国人的文化自信。我校五、六年级教学组以"锦衣华彩·大美国风"为主题，举办了一次汉服主题的项目化学习探究活动。

一 汉服文化介绍及学情分析

汉服，又被称为汉装、华服，指从三皇五帝时期一直到明朝末年这几千年间，在中原这块土地上，汉民族习惯穿着的服饰，是具有鲜明汉民族风格的一系列汉族服饰的统称。不同朝代的汉服样式各有特色，因此衍生出魏晋汉服、明制汉服、宋制汉服等多个种类。五、六年级的学生虽然具备一定的学习基础，但领悟庞杂的汉服体系仍旧存在一定程度的困难，因此本次学习活动的重点是认识、了解汉服。同时，鉴于小学生的特点，活动内容也融入了一些趣味性的元素，以提高学生的积极性和主动性。

二 汉服项目化学习探究

（一）观千年历史，品汉服变迁

本次学习活动的第一项内容为观看图片及视频资料，体会千年来汉服的变迁。汉服按照朝代分类，大致分为上古时期、秦汉时期、魏晋南北朝时期、隋唐五代时期、宋明时期五个阶段。本环节采用多媒体教学技术向学生展示不同时期汉服的图片及穿衣方式，同时引导学生观察不同朝代的汉服特点，并思考这些特点产生的原因。这里以唐代汉服为例。唐代汉服有一个很明显的特点——配有披帛。披帛通常用轻薄的纱罗制成，长度大多在 2 米以上，上面印有各种花饰纹理。披帛的穿戴方法通常有两种：一是将它披搭在肩膀之上，二是将它缠绕于两臂之间。这两种方法分别搭配于不同的服饰。走起路来，披帛跟着手臂的摆动而随风飘舞，有如仙女下凡。唐代国力强盛，女性地位提高，女子爱美成风，因此披帛在一定程度上反映出盛唐时的辉煌强大。

这一环节的设计旨在让学生对汉服的具体含义及样式有一个初步的认识，在学生脑海里形成汉服体系的基本轮廓。

（二）笔绘锦衣，身着华裳

第二个项目包括设计汉服与体验汉服两个环节。在项目一的学习中，丰富的图片与视频资料为学生的汉服设计活动提供了丰富的灵感。在此基础上，学生根据自己的喜好，选择不同朝代的汉服式样，充分发挥想象力与创造力，设计自己喜欢的图案，并向大家解释图案代表的含义。体验汉服则是学生亲自体验穿汉服的过程。这种实践性环节能够有效调动学生的积极性与主动性，让学生体会汉服独特的美，增强学生的文化认同感。

本部分学习项目的设计，拓展了学习的宽度，引领学生由对汉服的简单了解逐步深入到学习探究汉服的发展演变历史、形制特点等知识；同时也拓展了学习的深度，让学生在活动中亲身体会到汉服的美与传统文化的魅力。

（三）着汉家衣裳，兴礼仪之邦

汉服背后的礼仪也是汉服文化不可或缺的一部分。本部分活动采用"多媒体＋实践"的教学方式，通过视频向学生展示一些常见的汉服礼仪，引导学生学习并应用。学生们通过礼仪动作交流，感受中华民族作为礼仪之邦的深厚沉淀。汉服的价值不仅体现在我们肉眼可见的锦帛华彩上，更体现在一举一动、举手投足的礼仪中。

三 总结与展望

本次汉服项目化学习探究实践活动，从认识汉服到设计并体验汉服，再到学习运用汉服礼仪，呈现层层递进、由浅入深的关系。学生在这一系列的体验过程中，对汉服的概念有了认识，了解了很多汉服的常识，见识到了泱泱华夏文明的一角，同时也增强了学生的文化自信，有助于传统文化的继承与发扬。

还要在"抠"的过程中，发现古人的智慧，抓住文中关键字句，在理解故事的基础上，将王戎看到路边李子时"不动"和其他小伙伴"竞走取之"的行为进行对比，关注王戎的语言"树在道边而多子，此必苦李"，从而得出王戎是一个善于观察、聪明机智的孩子。在这样反复"抠"的过程中，学生逐渐发现看待事物的角度决定了人的眼光，从而影响了事情发展的最终结果。

三 小学语文教学中的传统文化在于"悟"

"书读百遍，其义自见。"我们用与古人一样的音韵和节奏，感受着古人的思想。读着读着，脑海中就产生了情景。处于这个情景中，自然而然地就悟到了那时的思想。比如在教学《示儿》这首诗的过程中，我首先确定了情景教学这一主线。初读此诗，让学生了解诗人陆游生活的时代背景。金人南侵，南宋统治者屈辱求和，引起诗人陆游的无比悲愤。他即使已经是85岁高龄，但"北定中原""还我河山"的爱国主义情感仍有增无减。在理解诗意的基础上，一遍遍的诵读让我们在脑中产生了一幅画面——弥留之际的陆游在身体极端虚弱的情况下，仍然严肃地嘱咐自己的儿子："王师北定中原日，家祭无忘告乃翁。"这种盼望国家统一的思想便无声地渗透进学生的思想。我在教学中再加入香港、澳门的回归，就给学生留下深刻的印象。

四 小学语文教学中的传统文化在于"提升"

中华优秀传统文化之所以始终保持鲜活的生命价值，是因为它们在传承过程中，无论是从传承的对象、传承的范围、传承的途径、传承的方式来看，都已经融入我们生活的点点滴滴。就像"二十四节气"这个专题，因为贴近生活，所以很多学生在幼儿园时期就已经能够熟练背诵《二十四节气歌》。二十四节气的变化蕴含着古人观察自然，从而选择合适生活方式的古老智慧，何时播种、何时收获、何时休养都一一确定。在部编版小学语文教材中，通过古诗体现节气内容的就有22处。我们如何进行提升呢？如我们在教学反映农村情景及农民劳作场景的诗歌时，以《乡村四月》为例，这首诗以白描手法描写了江南农村初夏时节的景象。前两句着重写景，勾勒出乡村欣欣向荣的景象。后两句写人，突出了"乡村四月"劳动的繁忙，给人一种"一年之计在于春"的启示。整首诗就像一幅色彩明亮的图画，不仅表现了诗人对乡村风光的热爱与欣赏，也表现出他对田园生活的赞美和向往。再根据古诗的体裁特点，采用诵读、想象、描绘、吟咏等方式，引导学生全身心地投入，尽情地感知、领略和欣赏诗中之画、诗中之乐、诗中之味、诗中之人，感悟诗中所蕴含的画面之美、音乐之美、味道之美、生活之美，引导学生真正走进田园、热爱乡村。最后，我们加入了"画一幅画""写一段话""搜集更多的同类型古诗"，再一次进行了提升。

小学阶段，是一个让学生奠定基础、初步形成良好人格的开端。传承和渗透中华优秀传统文化，从古人的智慧中领悟更多的人生真谛，是小学语文教师责无旁贷的历史使命。作为小学语文教师，我们更应注意自身传统文化素养的提升，学教结合，更好地传授知识，提高教学水平。

中华优秀传统文化融入小学数学教学的思考与实践

孙 欣

小学阶段是个人价值追求和思维方式形成的关键期。随着育人要求的变革和核心素养的提出，数学学科蕴含的文化价值和人文意蕴愈发受到重视。《义务教育数学课程标准（2022年版）》指出："关注数学学科发展前沿与数学文化，继承和弘扬中华优秀传统文化。"将中华优秀传统文化融入小学数学教学，正是培养学生数学核心素养、坚定文化自信、落实立德树人的重要途径。

一 数学知识与传统文化相结合，激发学习兴趣

教师要善于挖掘优秀传统文化素材，在与数学教学的融合中营造一种探研的课堂气氛，让学生发现数学独有的隐蔽、深邃、理性的美，激发学生的学习兴趣，培养学生的探索精神。

例如，在教学"图形的运动"这一内容时，为学生展示京剧脸谱、中国古典建筑、风筝、剪纸、蓝印花布等素材，学生很容易发现这些优秀传统文化中蕴含的轴对称等数学思想。这些素材帮助学生感受轴对称、平移、旋转在生活中的广泛应用，唤起学生对"对称"的内在审美感受，让学生在感受数学美的同时，激发他们探索数学的欲望。

再如教学"圆的认识"时，教师为学生展示资料。我国古代教育家孟子说过："不以规矩，不能成方圆。"这句话的字面意思是，没有"规"和"矩"，就不能画好方和圆。"规"和"矩"是两种不同的画图工具，"规"是用来画圆的，"矩"是用来画方的。教师介绍"规"的各部分及作用，引导学生用"规"体验画圆。学生体验了用"规"画圆的过程，积累了数学活动经验，产生了探究的兴趣。

二　把握教学发展脉络，领悟原理，解决问题

将中华优秀传统文化置于数学历史的发展脉络中能够彰显数学本源和思维价值。借助数学史中很多数学家处理数学问题的思想和方法，启发并引导学生在数学问题和历史问题间建立联系，让学生感受历史情境中解决相应问题的关键思路，感受优秀传统文化中的数学思维，从而领悟原理，提升解决问题的能力。

下面以"出入相补原理"为例说明。为确保传统数学文化素材的科学性，可以从刘徽注解的《九章算术》中选取多边形面积计算公式推导、圆面积计算公式推导的相关素材。所谓的"出入相补原理"就是一般所说的"割补法"，即"以盈补虚法"，是小学几何中求平面图形面积的重要思想方法，就是对图形进行转化、分析，使问题顺利解决。在单元整体设计中，将出入相补原理作为主线：把一个图形分割、移补，而面积保持不变（如下图所示）。你能运用这一原理推导出平行四边形、三角形和梯形的面积公式吗？

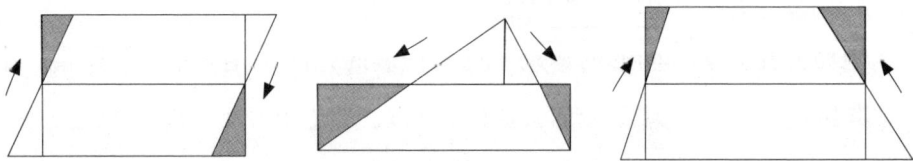

将例题、习题与出入相补原理相结合，符合学生的认知发展水平，不仅能活跃学生的思路，提高思维的灵活性，还有助于学生理解、掌握、运用

出入相补原理解决实际问题。

又如鸡兔同笼问题，早在《孙子算经》中就有记载。这个问题在 1000 多年前漂洋过海，对中国传统文化的传播起到积极的作用。课上导入部分可以这样创设："在 1500 多年前，《孙子算经》中记载了一个有趣的数学问题：今有雉兔同笼，上有三十五头，下有九十四足，问雉兔各几何？"学生带着对古代数学趣味题的好奇心，利用化繁为简的方法展开研究，掌握列表法、假设法等解决数学问题的多种策略，引导孩子感受数学传统问题中蕴含的数学思想，形成模型意识，助力学生积累解决问题的经验和方法。

三　找准链接点，在融合中加深对知识的理解

在教学中，教师要善于抓住课堂教学内容的特点，找到各知识之间的内在联系，适时链接相关内容的中华优秀传统文化，辅助学生理解抽象的数学知识或问题，引导学生主动探究，让学生在优秀传统文化的浸润中学习新知，理解并掌握所学知识。

例如，在"分数除法"教学中，以数学史"经分术"为文化主线重构学习，助力"理""法"融通。当学生体会到计数单位在运算中的重要作用，发现分数除法与整数除法和小数除法一脉相承时，引入《九章算术》中的"经分术"，引导学生自主探索分数除法的算理和算法，实现了算理融通、算法融合，真正做到"理""法"融通。

又如，在教学"负数"时，向学生介绍负数的概念最早出现在中国古代著名的数学专著《九章算术》中。《九章算术》述说了这样的问题背景：有一个人到家畜市场，卖了马和牛，买了猪，有所盈利。把卖马和牛得到的钱算作正，把买猪付出的钱算作负，由此出现了负数。这样的学习过程，不仅让学生了解了中华优秀传统文化，更让学生感悟到负数的本质特征，发展数感。

四　在拓展延伸处融合，开阔视野，提升素养

数学课堂教学，不能满足于教给学生知识，更应致力于培养学生的数学素养，提高学生的人文素养。把中华优秀传统文化融入数学课堂，既能极大地调动学生的学习热情，使学生对传统文化有更多更深的了解，推进优秀传统文化的传承和弘扬，又能够拓展学生的知识，提高学生的核心素养。

例如，在教学"24时计时法"时，设计了"文化渗透，拓展延伸"环节。在学生深入了解24时计时法后，教师适时补充古人的计时方法。通过呈现计时法发展变化的历史脉络，引导学生感受到每一次的进步与飞跃都蕴含着古代劳动人民独特的智慧、坚韧不拔的探索精神以及人类创造性思维的升华，开阔了学生的文化视野，润泽了数学课堂，提升了学生素养。

再如，教学"计算器的认识"时引入算盘。算盘是中国传统的计算工具。通过史料阅读进一步了解，我国第一颗原子弹试验成功，算盘在其中立下了汗马功劳。这让学生感受到中国古人的聪明才智和思维方式，在开阔视野的同时，还深刻感受到古代数学来源于生活、应用于生活。

五　塑造学习品质，增强文化自信，凸显育人价值

将优秀传统文化素材融入教学情境中，让学生沉浸式地体验优秀传统文化，在潜移默化中影响学生的思想品德和个人价值观念，实现中华优秀传统文化的继承和弘扬，促使学生树立起强烈的文化自信和民族自豪感。例如，学习"大数的认识"时，教师可以展示万里长城、丝绸之路等相关资料，让学生在认识万以内数字的过程中，感受到祖国文明的悠久历史以及对世界文明发展和人类进步做出的不朽贡献，增强民族自信，激发爱国主义情感。此外，中华优秀传统文化中有许多数学名人典故、名篇巨著，教师可以将这些史料以故事的形式引入课堂。例如，在教学"圆的周长"时，向学生介绍祖冲之和圆周率。借助古代数学家的故事以及他们的成就，让学生领略数学家

追求真理、严谨求实、不畏艰难、坚持不懈的精神气质，发展学生求知、求实、勇于探索的情感和态度，培养学生良好的学习品格。

要做到将中华优秀传统文化与小学数学教学更好地融合，教师应在教学设计中创设更多的创新性环节，在教学实践活动中不断探索，增加中华优秀传统文化知识储备和渗透意识，从而发挥中华优秀传统文化的育人功能，提升学生的数学核心素养，实现立德树人的教育目标。

走进汉字文化，感受时节之美

王海兰

世界四大文明古国中，只有中国文明传承下来，其中一个重要的原因就是文字的统一。中国的汉字，可以说是世界上最古老的文字之一。汉字经过几千年的演变，在中华民族文化的发展和历史的传承中发挥着不可估量的作用。汉字，不仅是一种文字、一种语言，更蕴含着中华民族的文化和智慧。

走进汉字文化，从一个字的演变，看中华文明的发展；从汉字的笔画繁简，感受一个民族思维方式的改变；从汉字"春夏秋冬"的演变发展，了解二十四节气，增强学生的民族认同感和文化自信心，在学生幼小的心中埋下一颗热爱中国文字的种子。

我所任教的五年级一班的学生，从三年级开始，坚持利用早读时间讲有故事的汉字——从一个字由繁到简的演变过程，到字里字外的故事，体会其蕴含的思想精髓。他们至今已经讲了近百个汉字。经由汉字文化，我带领学生开启了非同一般的阅读之旅，坚持每周分享国学经典，明理导行。结合汉字文化，我在班级开展了跟二十四节气相关的综合实践活动，激发学生探究性学习的兴趣。学生在学习汉字文化的过程中，增强了探究意识，培养了合作能力，开启了心智，丰富了课余生活，感受到了中华文化的博大精深。

一 讲有故事的汉字，感受传统文化的精髓

汉字诞生并流传至今，每个字背后都有许多有趣的故事。千百年来的风俗礼仪、伦理道德、哲学思考、审美意识等，都隐藏在一个个汉字的演变过程中，值得我们去探寻、去思考。

（一）教师引领，解字明理，激发兴趣

有故事的汉字来自学生的日常生活。如《庄子·外物》中讲"目彻为明，耳彻为聪"，《说文解字·耳部》中讲"聪，察也"，可见善于倾听、学会观察的重要性。再如，对于"齐"字，《说文解字》上讲："禾、麦吐穗，上平也。象形。""齐"就是一致、整齐的意思。"齐"在甲骨文中代表齐刷刷或错落有致的禾苗，有欣欣向荣之意。"齐家"就是家中要长幼有序、有规矩、有秩序，家才能越来越兴旺。因此，我们要教育学生，在家中要孝敬老人、尊重长辈、敬畏规则，才能有自我的成长，才能"齐家治国平天下"。

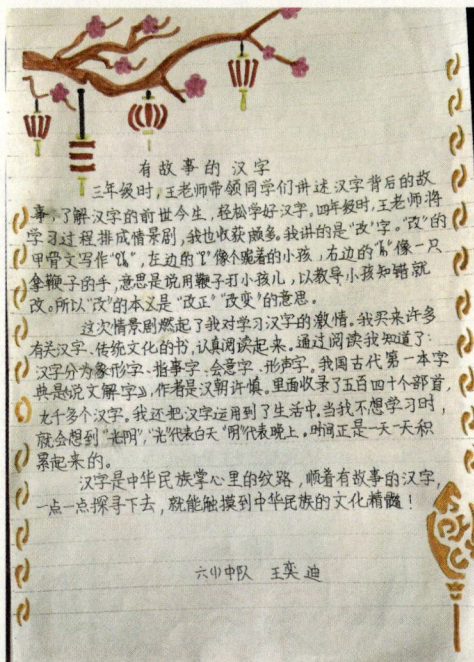

有故事的汉字

三年级时，王老师带领同学们讲述汉字背后的故事，了解汉字的前世今生，轻松学好汉字。四年级时，王老师将学习过程排成情景剧，我也收获颇多。我讲的是"改"字。改的甲骨文写作"𢻫"，左边的"𢀖"像个跪着的小孩，右边的"𢼄"像一只拿鞭子的手，意思是要用鞭子打小孩儿，以教导小孩知错就改。所以"改"的本义是"改正""改变"的意思。

这次情景剧燃起了我对学习汉字的热情。我买来许多有关汉字、传统文化的书，认真阅读起来。通过阅读我知道了：汉字分为象形字、指事字、会意字、形声字，我国古代第一本字典是说文解字，作者是汉朝许慎，里面收录了五百四十个部首九千多个汉字。我还把汉字运用到了生活中，当我不想学习时，就会想到"明明"，"旭代表白天""明代表晚上"，告诉我正是一天天积累起来的。

汉字是中华民族心里的纹路，顺着有故事的汉字一点一点探寻下去，就能触摸到中华民族的文化精髓！

六⑩中队 王奕迪

汉字故事帮助学生树立正确的价值观。比如，"竞争"的"竞"字，从甲骨文到金文到小篆，都是两个头上插着标枪的奴隶在搏斗，但到了楷书就变成一个人了。正如孔子所说："人不知而不愠，不亦君子乎？"一个人最大的敌人是自己的无能，所以做人是要争的，但不是跟别人争，而是争一争自己的志气。今天的自己超越昨天的自己，就是成功。"省"跟眼睛有关，不从心而从目，从甲骨文到小篆的字

形写法都突出了眼睛，而"吾日三省吾身"的"省"就是从外到内的一种心灵的观察和思考。"为人谋而不忠乎？与朋友交而不信乎？传不习乎？"由一个字到一句话，带给学生人生的启迪。每周分享、思考、践行一句话，坚持下来就会有大的改变。

日月天地，风雨雷电，阴阳水火，有无得失，每个汉字的起源都承载着中华民族的文化和智慧。顺着有故事的汉字，一点一点去探寻、去发现、去领略古代先哲们的思想精华。

（二）自主阅读，探究学习，提升能力

在教师讲解汉字故事的基础上，引导学生自主阅读《有故事的汉字》《说文解字》《于丹字解人生》《时节之美》等图书。学生在阅读中徜徉历史的长河，触摸中华文明的发展脉络。从汉字的演变过程拓展到汉字的字里字外，由一个字，到一个词语，再到一句古诗、古语，处处感受中华文化的思想精华。

例如，有的学生讲"年"字，先出示"年"字甲骨文、金文、小篆和

楷书的演变过程，可以清晰地看到"年"的甲骨文上面是"禾"字，下面是一个人手臂向下斜伸，代表人将成熟的稻禾捆扎起来挑回家去。最早稻谷一年成熟一次，收割之后要过一个丰收的节日，被称为"年"。西周以后，以"年"纪岁，表示地球绕太阳一周的时间。古人通过对谷物生长周期的观察，产生了时间周期的概念。"年"的金文，仍然是"从禾从人"，表示人搬运庄稼的样子。到了小篆，"年"的下面

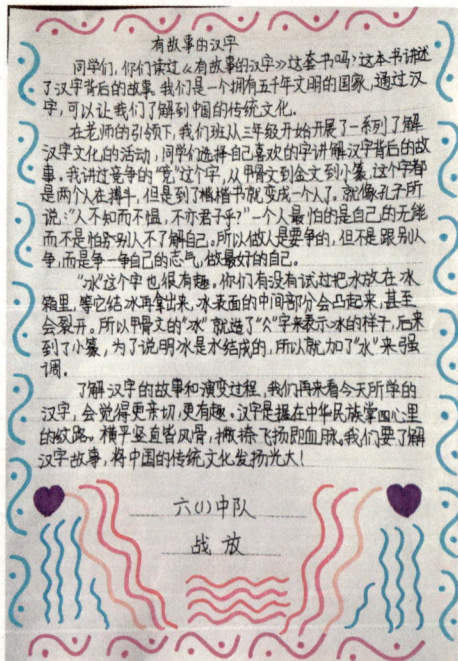

就多了一横。原来到了晚周的金文里，"人"腰上加一横，表示成千上万，数目众多，即为"千"。"年"就表示"禾千上下连"，后来慢慢演变为今天的"年"字。由"年"字的演变，学生深刻体会到古人"春种秋收""秋收冬藏"的农耕文化。由"年"的演变拓展出带有"年"的习俗、成语或者古诗，如"年年有余""最是一年春好处，绝胜烟柳满皇都"等。

如"正直"的"直"，《说文解字》中说"直，正见也"，表示眼睛直视。一个人心中坦荡正直，才能做到目光直视，不胆怯。孔子曰"举直错诸枉，能使枉者直"，《荀子·劝学》中也有"蓬生麻中，不扶自直"，可见好的环境的重要性，而良好的环境需要大家共同努力。由一个字，到一句诗，再到一句古语，由浅入深，循序渐进，浸润学生心田。

汉字诞生背后的有趣故事，不仅增加了学习的趣味性，让学生记忆更加深刻，也让学生在识字过程中了解到我们的传统文化和历史典故，同时让学生明白很多做人做事的道理。

（三）姓氏研究，增强自我认同感

在汉字文化中，姓氏跟每个人都有关系。学生可以从自己喜欢的姓氏中了解汉字的演变和姓氏的发展历史，探寻自己的前生今世，对自我有全面的认知，增强自我认同感。

如有个学生姓"孔"，他通过对孔姓的始祖起源、历史发展、迁徙传播、人口分布进行研究，不仅学习了历史，了解了自己的祖先，还对孔家的传统文化产生了兴趣。

（四）从谐音、歇后语、字谜和书法艺术中探寻汉字文化的乐趣，编排情景剧，在表演中提升

丰富的汉字文化还体现在有趣的谐音故事、诙谐的歇后语、巧妙的字谜和书法文化中。学生根据自己的兴趣点，自由组成学习小组，自主选择研

究专题，自主选择分享形式。有的同学编排了汉字故事的情景剧，设计道具、制作背景，彩排训练，分工协作，在活动中提升了各方面的能力。

（五）了解书法艺术，欣赏书法作品，争当小小书法家

汉字的悠久历史，离不开书法的完美演绎。书法是一门学问，更是一门艺术，也是中国文化的瑰宝。了解历朝历代的书法大家，学会欣赏书法作品，也是同学们喜欢的内容。我们邀请知名书法家给同学们做讲座，了解纸墨笔砚的种类及其发展。书法家现场书写作品，激发了同学们书写的热情。每学期，教室里都会贴出同学们喜欢的书法作品，有的是班级里小小书法家的作品，有的是书法名家的作品，还有的是人人参与的硬笔书法展。这不仅弘扬了书法艺术，还创造了浓郁的班级文化氛围，提升了学生的审美情趣。

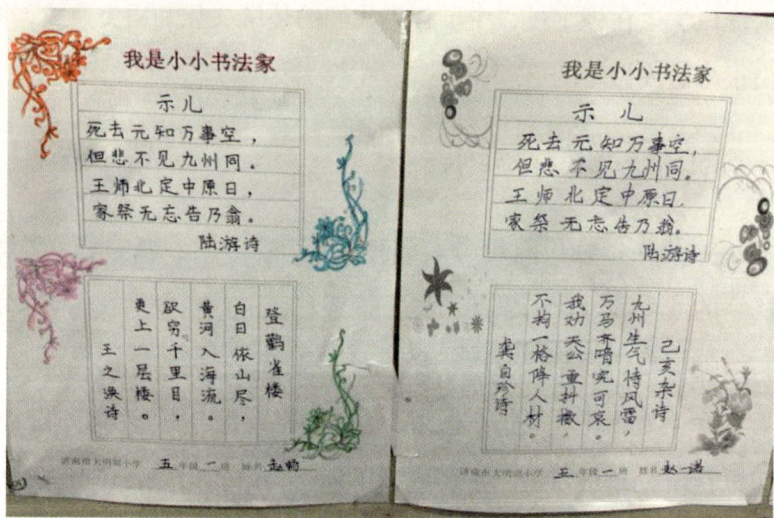

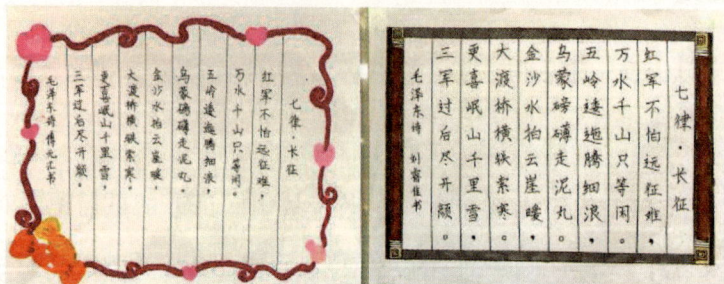

二 汉字文化与二十四节气相结合，开展综合实践活动

把有故事的汉字与综合实践活动相结合，以传统的二十四节气为"经"，以汉字解读为"纬"，从万物的由来开始，在四季的循环往复中，让学生了解汉字中的传统文化、历史和习俗，用双手编织、折叠、绘画、剪贴，用眼睛去观察，用心去感受中华民族文化的博大精深，获得更多成长的智慧和力量。

（一）阳春三月，巧手绘春归

春风送暖，春回大地，从"立春三候"，讲"春"的旭日东升、绿草萌发。

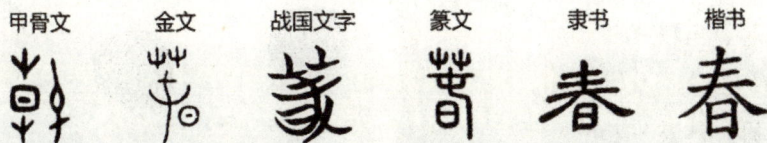

甲骨文	金文	战国文字	篆文	隶书	楷书

"春"是会意兼象形文字，在甲骨文中表示在太阳的照耀下，草木萌发，花草繁茂，一片欣欣向荣的景象。

春天是放飞的季节。同学们亲自动手扎制风筝，涂上最亮丽的颜色，不管飞得高还是低，心中一定快乐无比。每到春天，同学们亲手种下一颗颗种子，看它们破土而出，心中满是喜悦。春和景明，同学们跟随老师一起学习汉字的拓印，亲手拓印古诗《春晓》，感受古人对春光逝去的无奈。同学们走出校园，来到公园，追随春天的脚步一起舞蹈。

（二）麦香时节，端午绣香囊

立夏时节，麦到小满日夜黄，瑞"麦"从天降。

甲骨文	金文	战国文字	篆文	隶书	楷书	简体

197

甲骨文中的"麦"是会意字，麦苗旁边一只脚，代表到来之意。古人认为，小麦是上天所赐。

荷花映日，蝉鸣阵阵。同学们走近荷塘，了解荷花的生长，拍下最美的荷花；制作荷花灯，举办"荷花节"；背诵《爱莲说》，让荷花"出淤泥而不染"的品质根植心中。

端午节，老师为同学们讲解端午习俗，分享屈原的故事，让同学们感受屈原激昂的家国情怀。同学们用雄黄画额、编五彩手环、亲手制作小香囊，在一针一线中感受端午文化。同学们回家跟爸爸妈妈一起包粽子，评选"包粽子小能手"，体验劳动的快乐。

（三）秋凉阵阵，月饼寄情浓

秋风发微凉，寒蝉鸣我侧，稻花香里说丰年，草木黄落雁南归。

甲骨文	金文	战国文字	篆文	隶书	楷书

秋 秋

甲骨文中，"秋"像蟋蟀振翅鸣叫，借以表示庄稼成熟。

秋凉至，登高望远，菊香盈袖。"不是花中偏爱菊，此花开尽更无花。"同学们了解菊花的品种，画出最喜欢的菊花，背诵有关菊花的诗句。"采菊东篱下，悠然见南山"，在陶渊明的诗句中，同学们对生活多了一些思考和沉淀。中秋时节，老师带领同学们了解月饼文化，比较南方、北方对月饼的不同喜好。学习制作香甜的糯米月饼，包装成一只可爱的小青蛙，送给爸爸妈妈表达爱心。

（四）瑞雪纷纷，珍重待春风

冬至大如年，北风吹雁雪纷纷，瑞雪兆丰年。

甲骨文	金文	战国文字	篆文	隶书	楷书

冬 冬

甲骨文中的"冬"是会意字，纺锤与丝线相连，表示纺线的结束，也就是一年即将结束，后来表示岁末天寒结冰。

梅花香自苦寒来。同学们在温暖的教室中，学习九九消寒图，学唱《数九歌》，在银盘中画梅花图，装点美好生活。同学们了解冬季养生的小知识，跟家人分享养生小贴士。同学们用灵巧的双手剪出精美的窗花，用红纸写"福"字，贴在窗前门口，辞旧迎新。

在以"冬至"为主题的项目化学习教学年会上，同学们把两年来围绕汉字文化，结合二十四节气开展的综合实践课程的成果进行了集中展示，同时编排了情景剧《汉字故事助我成长》，配合音乐老师展示自编节奏的《数九歌》，受到学校领导、老师们的一致好评，坚定了同学们继续学习汉字文化的信心。

同学们在汉字文化的学习中，融入古典诗词，了解拓印文化，亲自动手编彩绳、挂香囊、做月饼、画盘画。大明湖小学跟随季节的流转，组织荷花节、菊花展、窗花秀，走进丰富、神奇、古老的汉字世界，浸润中华传统文化，弘扬中华民族精神！

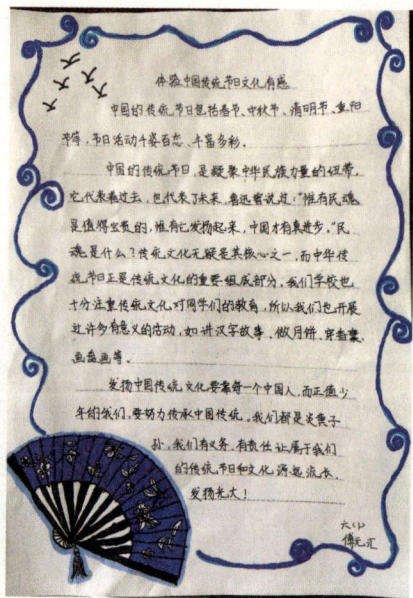

文化自信视角下将汉服文化融入小学教学实践的路径探究

王 艳

文化自信是核心素养的关键组成部分，是新课程标准下的课程教育目标。汉服承载了中华上下五千年的文化。汉服文化融汇了中国特有的民族性、文化性、艺术性，是"华夏有衣""礼仪之邦""璀璨华夏"的具体体现。在小学教学实践中渗透汉服文化，是传承中华优秀传统文化、提升文化自信的重要途径之一。

一 文化自信的核心概念界定

一个国家、一个民族或一个群体在长期的历史演进过程中，通过传承、创新和发展，形成了独具特色的文化传统、价值观念、意识形态和行为方式。文化自信是一个民族、一个国家以及一个政党对自身文化价值的充分肯定和积极践行，并对其文化的生命力持有的坚定信心。

《义务教育语文课程标准（2022年版）》指出："义务教育语文课程培养的核心素养，是学生在积极的语文实践活动中积累、建构并在真实的语言运用情境中表现出来的，是文化自信和语言运用、思维能力、审美创造的综合体现。"这一表述也直接明确了文化自信作为核心素养的关键组成部分。

在当今时代，每个国家和民族都将提升文化自信放在发展的重要位置。

小学生处在生理和心理快速发展的时期，在这一阶段对其有意识地引导和渗透，可以更好地引导学生建立学习兴趣，强化文化认同感，培养自信的民族文化心态。因此，本文将讨论的主题放在了文化自信的视域之下。

二 汉服文化的传统文化内涵

中华优秀传统文化是中华文化的根系与血脉，是中华民族长时间发展过程中积累的社会结晶，凝聚了中华民族几千年来认同并奉行的思想理念、价值观念和民族精神，为中华民族的持续发展提供了源源不断的养分。而文化自信立足于优秀传统文化的沃土之中，深受优秀传统文化的滋润与熏陶。新课标中的文化自信素养也非常明确地指向了"热爱中华文化，继承和弘扬中华优秀传统文化"。

唐代大儒孔颖达对"华夏"注释道："中国有礼仪之大，故称夏；有服章之美，谓之华。""礼仪""服章"文化是我国传统文化的重要组成部分，代表着中华民族的精神面貌。郭沫若先生曾题词："衣裳是文化的表征，衣裳是思想的形象。"学者陈莲认为："汉服在一定程度和意义上，是华夏民族的符合和文化象征，并能充分代表汉民族特征的服饰。"中华民族传统服饰历经漫长的历史变迁，最终形成了具有特色且较为完善的礼仪服饰体系，这也使得汉服成为中华民族传统文化的重要载体之一，成为华夏文明必要的组成部分。

近年来，社会上掀起了一股"汉服热"，各种汉服团体组织纷纷成立，汉服商业产业链不断兴起，大街小巷着各色汉服的人群已不再是标新立异。共青团中央选定每年农历三月初三为"中国华服日"。2023 年 4 月 22 日，第五届"中国华服日"在北京主会场和西安、济南、扬州、长沙等分会场举办，汉服文化已从网络走向现实，逐渐进入大众视野。"汉服热"的出现不仅仅是传统与时代的对接与碰撞，从更深的层次来讲，它是优秀传统文化所蕴藏的无穷魅力的生动展现。

作为一个具有物化特征的文化符号，汉服蕴含着丰富的传统文化——汉服本身的服饰文化，与汉服连带的传统礼仪文化，中国文化中的"礼""人与自然的和谐之道""中庸之道"等思想文化。汉服文化中丰富的传统文化内涵使得其本身极具教育价值，在增强青少年文化自信、培育具有文化复兴担当的新时代青少年方面具有得天独厚的条件。无论从哪一角度看，汉服文化都是我国传统文化中关键的组成部分。

"服装是人的第二张皮肤，人类服装系统介于自然系统与人文系统之间，通过服装系统来提升对民族文化的认知以及对自身身份的认同和自信。"复旦大学历史系教授顾晓鸣对于汉服文化的教育价值给予了高度肯定。

当下"汉服热"方兴未艾，小学生也被这股潮流裹挟向前，传统文化从多方面渗透进新时代少年儿童的生活和思想情感中。在这样的新局面下，我们应该把握时代契机，借助传统文化复兴的浪潮，以汉服为载体，为少年儿童提供学习、了解、传播、创新传统文化的渠道和途径；以汉服为镜，帮助儿童了解中华民族的文化和历史，增强新时代儿童的文化自豪感和自信心。

三 汉服文化融入小学课程的路径

人们对于自身民族服饰的认同感，最初源于生活环境中的无意识选择。小学生在校园生活和社会生活中有不少的途径接受汉服文化，例如校园演出、汉服走秀、古典舞、话剧、戏剧、影视剧等。虽然以上形式能够让他们形成对传统服饰的初步印象，但这些形式传递出的汉服文化往往是流于表面的，是碎片化的、不成体系的。因此，在小学课程中将汉服文化进行有意识的渗透教育是十分有必要的，有目标的、成体系的汉服文化渗透将会更好地发挥汉服文化的教育作用，提升小学生的文化自信，加深民族认同感。为达成以上目标，我认为应从以下路径进行探究：

（一）汉服文化在小学课程的有机渗透

汉服文化的丰富内涵使得其与义务教育阶段的各学科课程有着千丝万缕的联系。在课程建设中，教师应当以敏锐的目光去着力挖掘汉服文化的教育内涵。

1.以汉服文化在语文教学中的渗透为例

小学语文课程中的古诗词、成语、古典小说、民间故事等占据很大比例，在教授这类内容时，教师有意识地将汉服文化、汉服知识进行渗透，在潜移默化中加深学生对汉服的印象，了解与汉服相关的知识。《晏子使楚》一课中，出现了一个成语——"张袂成阴"。"袂"指"袖子"。汉服文化中袖子的造型在整个世界民族服饰中都是比较独特的。衣袖有"窄袖""大袖"之分。礼服多"大袖"，常服多"窄袖"。各个朝代各个阶层和地域流行的袖型都不同，常见的有"箭袖""琵琶袖""垂胡袖""广袖"等等。此时便是引导学生对传统汉服文化中的"袖子"进行探究的最佳时机。借助此时机，可以让学生充分体会到汉服知识的丰富，感知传统文化的博大精深。

2.汉服文化在美育中发挥积极作用

历经千年发展的汉服文化所具备的丰厚美学内涵使得其在小学美育教育中具有极大的发掘空间，可以极大地丰富美术课程的内容。

基于高年级的小学生已经具备了较好的知识接收能力，在美术课堂上普及、探讨汉服的基本形制、文化象征符号等较为基础的汉服文化知识是可行的。我校剪纸社团孙志缈老师，引导学生在遵循传统服饰基本形制的基础上，利用剪纸的形式大胆创新，不仅让学生领略到了不同朝代汉服各具特色之美，也锻炼了学生的动手能力，培养了学生的审美思维能力，同时在审美实践中提升了文化自信。

除此之外，我校的综合实践课程也引导学生尝试用不同的艺术形式展现汉服之美，体验汉服带来的民族自豪感。学生们尝试用衍纸、超轻黏土、水墨画等艺术形式呈现各式汉服的款式。在动手实践的过程中，学生们带着极大的兴趣，把对美的理解和感受，通过不同的艺术形式进行了表现和再创作。这些与汉服有关的课程设计，培养了学生的艺术素养，锻炼了学生的创新思维。

（二）传统节日中汉服文化的情境渲染

我国传统节日大多与服饰美学有关联。穿着汉服参与传统节日庆典，能更好地营造氛围，从而让汉服文化融入学生的认知。春节、端午节、元宵节这些热闹的传统节日盛会，以及二十四节气的重要日子，都可举办融入汉服元素的活动。鼓励学生身穿汉服参与其中，增强学生的兴趣和表现欲，让学生在亲身体验中深入领略中华优秀传统文化的魅力。

例如，端午节作为中国传统节日之一，在悠久的历史演变中保留下来许多传统习俗，除吃粽子、划龙舟、挂艾草等习俗外，节日中的服饰文化也是值得传承的。端午期间，民间习俗是给孩子穿"五毒衣"，戴虎头帽，希望孩子健康平安成长。此外，人们还要佩戴香囊。端午节还有绑五彩绳的习俗。五彩绳也被称为五色带。红色代表火，黄色代表土，蓝色代表水，黑色代表金，白色代表木，这五种颜色在一起，意味着五行相辅相成的理念。"五毒衣"、五彩绳以及香囊都是服饰文化的一部分，展现了人们追求健康、团结、宽容及美好生活的愿望，是服饰文化中的重要内涵。

（三）积极利用班会课，系统学习汉服文化

在班会课上，可以将传统汉服文化作为教学重点。例如，确定汉服相关主题，利用多种形式，引领学生欣赏汉服之美，让学生了解汉服的发展演变。这些课程可以引导学生对汉服文化产生更浓厚的兴趣，将更多的注意力投射到我国的传统服饰，从而了解汉服背后所蕴藏的文化价值，将汉服文化传承下去。

（四）学校活动中汉服元素的丰富及礼仪文化的渗透

学校可借助汉服发展校园文化，让学生学习传统礼仪，构建文明礼仪校园。例如，大明湖小学举办的"开笔礼""成童礼""中华母亲节"等活动，就有意识地融入了丰富的汉服文化；鼓励学生组建汉服文化兴趣社团，举办汉服文化知识竞赛、传统文化特长比赛、国学诵读和礼仪展示等活动，也能将汉服文化与礼仪文化很好地融合在一起，从而将丰富的汉服文化渗透进学生的生活和学习中，丰富学生课内外活动，激发学生学习传统文化的兴趣，提升学生的文化自信。

四　总结

为了更好地将汉服文化融入小学课程，教师需要进一步了解和学习汉服相关知识，进一步引领学生了解汉服的服饰特点、精神内涵，从而领略汉服文化的独特魅力，增强文化自信。

徜徉书法天地，共享书写快乐

——我与我的书法社团

刘　军

汉字是中华民族的优秀文化瑰宝，是中国的文化符号。有人说，书法是龙的传人的脸谱、炎黄子孙的眉发。书法艺术博大精深，源远流长。怎样传承这一传统文化的瑰宝，是每一位语文老师需要认真思考的问题。

《义务教育语文课程标准（2022 年版）》把写字作为一个重要任务，每一学段的阶段目标中对写字均提出了具体的要求。在学生综合素质评价艺术素养方面，提出要考查学生对艺术的审美感受、理解、鉴赏和表现的能力，重点是在音乐、美术、舞蹈、戏剧、戏曲、影视、书法等文化艺术类活动方面表现出来的兴趣爱好。因此，培养学生对书法的兴趣就显得尤为重要。

作为一名工作 33 年的小学语文老师、书法老师，我一直非常重视书法教学。我在书法教学中，不仅教给学生书写技巧，还培养学生的鉴赏能力和意志品质，同时渗透传统文化教育。我组织成立学校书法社团，带领喜欢书法的学生徜徉书法天地，跟随节气的韵律，领略书法的魅力，感受传统文化的博大精深，传承书法艺术。

一　激发书写兴趣

传统的写字教学存在着"满堂灌""我写你看"的单一模式，学生对写字没有兴趣，听得漫不经心，这样的教学效果可想而知是不好的。在教学中，注重激发学生学习书法的兴趣，经常给学生讲书写对自身的重要性，让学生知道"字就像人的第二张脸"。写一手好字，就像随身带着一张名片。课堂上，我强调传承中国优秀传统文化的重要性，写好中国字是每个青少年义不容辞的责任。

二　细心指导，提高书写质量

在书法教学的初始阶段，指导学生写好基本笔画尤为重要。教学笔画的过程，我一般分为五步：第一步，观察字形；第二步，点评示范；第三步，描红练写；第四步，互相评议；第五步，改进评价。

每次我带领学生练习毛笔字，在示范演示之后，学生对字的字形、笔画、运笔、笔顺，从整体到部分，有了初步的感性认识。在此基础上，我指导学生开始写字。学生练写之后，互相评议，提出改进意见，再次练写。评价的过程，充分体现了"自主、合作、探究"的教学理念，注重教学评价在学习中的导向作用。

在课堂教学中，我还注重采用形式多样的教学手段，渗透美术、音乐等学科核心素养，比如运用图像识读、动画文字演变、丰富表现形式、搭配舒缓音乐等，营造浓郁的书写氛围，形成愉悦的书写体验。

三　字源探究，名人故事促提升

在书法教学中，我结合每个字的演变，引导学生观察汉字的特点。从甲骨文、金文、小篆、隶书、楷书的变化，感受中华文化的源远流长。我还调动学生的学习积极性，让大家搜集书法家刻苦学习的故事。

我经常结合书法教学，启发学生明白一些做人的道理。比如教学基本笔画"竖"时，我告诉学生："竖一定要写直，就像一个人笔直地站着，要自信，抬头挺胸；竖也像是一个亭子的柱子，顶天立地，不能歪。"在教学基本笔画"撇"时，我告诉学生："撇的样子就像一把刀，写时要很有力度。毛笔的笔尖要一直送到撇的末端，要有认真负责的态度，不能出现鼠尾。"就这样，我在细致的书法教学指导中，不仅对学生进行了思想品德教育，还提升了学生的审美能力，端正了学生的价值观。

四　跟随节气的脚步，书写诗词名篇

书法教室是我与学生挥毫泼墨的小天地。为了丰富书法社团的学习内容，我跟随节气的脚步，设计丰富的书写内容。春分写《春晓》，夏至写《小池》，秋分写《山居秋暝》，冬至写《数九歌》……在书法练习时，我们还会写一些唐诗宋词、名家名言。在书写的同时，我引导学生朗读、背诵了许多名篇，如《水调歌头》《满江红》《爱莲说》《陋室铭》等。

我经常与爱好书法的学生在扇面和宣纸上写下喜欢的名言警句。我们把这些作品装饰在教室里，或在升旗仪式上展示，或作为学校礼物赠送。学生收获了赞许与友情，更加激发了书写的兴趣。前不久，在我校迎接马来西亚校长参观访问团时，书法社团的学生边朗诵《水调歌头》，边即兴

完成书法作品。他们精彩的表现受到了嘉宾的好评与赞许。

学生在书法社团的活动中浸润墨香，培养了自信大方的性格，也更加热爱中国的书法艺术。翰墨凝香，希望我的学生们能在书法学习中收获美好人生，我也将在书法教学的天地中默默耕耘。

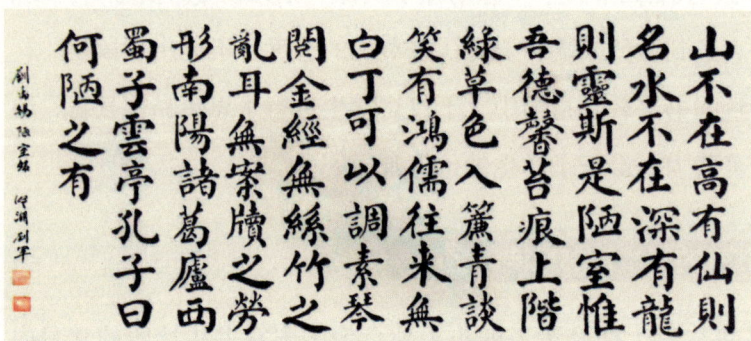

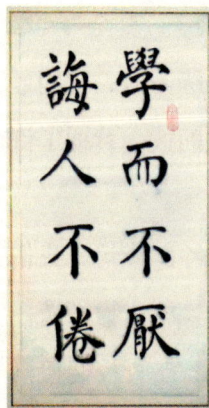

弘扬孝悌文化，培育良好家风

李 宏 李 鹏

"仁"被视为儒家文化的核心，而"孝悌"则被视为"仁"的根本，成为社会和谐发展、国家长治久安的根基。如何用孝悌教育培育优良的家风、民风、社风便成为一个重要的时代命题。对此，大明湖小学家委会从娃娃抓起，从家庭做起，重视加强家庭教育，注重转变家长育人理念，通过树立好家风榜样，开展各类家风活动，培养学生良好的行为习惯，以家风改民风，促进形成良好的社会风气。大明湖小学注重结合优秀传统文化教育，在传承孝悌文化、培育良好家风方面勇于探索创新，走出了一条特色育人之路。

在实施过程中，大明湖小学主要采取了以下措施：

一是发挥地理优势，坚持开展品牌活动。大明湖小学地处老城区，原校址内有府学文庙。大明湖小学充分发挥府学文庙这一天然"家庭教育"场所的育人作用，坚持开展"走进老济南""中华母亲节"等品牌活动。

二是注重家国融合，创新课程内容。为使家国一体的理念入心入脑，大明湖小学创新课程内容，做到"五个结合"：一是"家国课堂"与家校共育相结合，二是"家国行动"与劳动教育相结合，三是"家国声音"与党史教育相结合，四是"家国旋律"与艺术教育相结合，五是"家国美德"与感恩教育相结合。

三是实施多元评价，力争量质双提升。大明湖小学借助品牌活动，开展"孝心少年""最美母亲"和"最美家庭"的评选，发挥榜样示范，以量变促质变，让看得见的好习惯促进优秀品质的养成。大明湖小学定期邀请优秀家长共同探讨家风家教话题，营造良好氛围。

四是增强多点互动，形成育人合力。为形成良好的家校互动，大明湖小学借助线上"家道微视听"父母讲堂、线下"家长学校"，定期推送家长育人智慧、家风传承经验分享，以点带面，形成良好的社会风尚。

大明湖小学坚持家校共育，从"三打造"入手，走出了自己的育人特色，主要体现在以下三个方面：

一是打造"孝悌育人"课程开发团队。让每一个致力于用传统文化开展教育的家长、教师、社会人士，共同参与"孝悌"课程的开发与实施，搭建共研平台；引进专家培训指导，丰富提升团队成员的课程理念，更好地带动每一个家庭的成长。

二是打造"孝悌立德"特色家教课程。以传统文化为平台，线上线下结合，课内课外融合，古今教育聚合，打通"经典学习＋技能研习＋特色体验"的家教课程高速路。

三是打造"孝悌力行"品牌系列活动。如开发的"感恩于心，回报于行"家庭德育系列活动。特别是"最美家庭"和"最美母亲"的评选，更是成为学校优秀家庭教育的典范，让家长身体力行，让孩子在耳濡目染中践行孝心，传承好家风，真正做到"感恩于心，回报于行"。此项活动已经坚持14年，被评为济南市首届德育品牌活动。

大明湖小学将立足传承孝悌教育，打造与生命教育和民族精神教育相契合的特色家委会工作，力争在传承与创新中向阳而行。

巧解连环　智慧人生

张洪英

九连环起源于中国，是中国古代四大益智器具之一，流传千年经久不衰，对于开发人的逻辑思维能力和活动手指筋骨大有好处，被西方认为是人类发明的最神奇的玩具之一，是中华优秀传统文化中一颗璀璨的明珠。在长时间的发展和演变中，它将数学原理、历史文化与娱乐性巧妙融合，可以使学生在探求九连环中的数学知识时，更好地感受中华优秀传统文化的博大精深。

以下为我设计的九连环教学过程。

一 导入环节

师：（出示九连环）大家知道这是什么吗？

生：知道。它是九连环。

师：九连环是我国传统的益智器具，对于开发人的逻辑思维能力和活动手指筋骨很有益处。据说九连环发明于战国时期。宋代以后，开始广为流传。到了明清时期，九连环就成了上至文人士大夫、下至贩夫走卒都爱玩的一项游戏。很多著名文学作品中都提到过九连环。《红楼梦》中就有林黛玉巧解九连环的情节。大家知道，它为什么叫"九连环"吗？

生：因为它有9个环，而且这9个环是连着的。

二 九连环的结构特点及基本玩法

师：大家说得可真好！没错，"九连环"的得名就是因为它有相互连接的 9 个环，另外还有 9 根杆和 1 个手柄。九连环的玩法就是要把这 9 个环一个一个地解下来，再把它们一个一个地套上去。现在大家可以拿起自己的九连环，动手数一数，摸一摸，了解它的构成。

学生在动手摸的过程中会发现，这 9 个环是连在一起的，没办法很顺利地解下来。这里是为激发学生探求欲望做的第一层铺垫。

师：大家想不想知道九连环是怎么玩的呀？看老师先给大家演示一下。

这里我故意用非常熟练的手法解下了前 6 个环，受时间限制，没有全部解下。即使这样，学生们仍然看得眼花缭乱，惊叹连连。这里是为激发学生兴趣做的第二层铺垫。

师：大家想不想像老师这样把九连环解开啊？

生：想！

师：要想玩好九连环，就必须知道九连环有这样几个特点：只有第 1 个环可以独立上下移动；第 2 个环要想上下移动必须和第 1 个环一起；第 3 个环及其后面的几个环要想上下移动，必须满足它的前面有且只能有紧挨着的 1 个环在上面或下面。

这里介绍每个特点时，都要伴有演示，而且讲完每个特点，都要让学生自己动手试一试，尤其是讲第 3 个环的时候，一定要将动作放慢，让每个学生看清。弄清楚前 3 个环的特点是解九连环的基础，练习时间相对要长。

三 逐一解环，螺旋上升

掌握了基本玩法之后，第 4 个环和第 5 个环的上下是学生对前面所说的 3 个特点的熟练应用及巩固提高环节。在这一部分，重点是对第 3 个特点的深入理解，即想将第 4 个环解下来，前面必须有第 3 个环在上面，且前 2 个环必须解下来；想将第5个环解下来，那么前面必须有第4个环在上面，且前3个环必须都要解下来，反之亦然。

这里说起来简单，但学生们在玩的过程中会遇到各种各样的问题。每当这时，我总要先问："先想清楚你想让哪个环上来或下去？要想让这个环上来，前面的环得满足什么条件？"通过提问让学生的动手操作和思考结合起来，边思考边操作，边操作边总结。在这个过程中，学生们双手的灵巧程度，对新知识的理解和接受能力上的差异凸显了出来。有的学生第2个课时就能独立解下第5个环和第6个环，也有的学生到了第4个课时还对前5个环的上下犯迷糊。这里，我充分调动他们的团队精神，让学得快的学生帮助学得慢的学生，又不断地鼓励他们，及时肯定每个学生的进步，做到尊重差异，共同提高。

四　总结

我教学九连环的时间不长，但却深深地感觉到在这小小的9个环中藏着很多道理。在此与大家分享。

一是"长风破浪会有时，直挂云帆济沧海"。这告诉我们，明确目标，勇往直前。

玩九连环的最初阶段，最常听到的一句话就是："老师，我不知道现在应该怎么办了。"出现这种情况，多数都是有的环在上，有的环在下，参差错乱。这时，我都是指引孩子思考："你的目标是什么？你现在想让哪一个环下来或上去？不要去管其他环怎么样，先明确自己想要干什么。"做其他事情也是如此，不管干什么，都要有自己的目标。正所谓在实现目标的过程中，可能会遇到各种困难，受到种种干扰，但只要明确自己的目标，心无旁骛，勇往直前，必然成功。

二是"合抱之木，生于毫末；九层之台，起于累土；千里之行，始于足下"。这告诉我们，基础很重要。

　　九连环的一大特点是所有的环的上下，都要从第 1 个环开始。后面的环都要以前面的环为基础，前面的环没解下来，后面的环就无法进行。这就像我们的学习，前面的知识如果没有学好，后面的内容就会越学越困难。每一个环相连的地方就是我们学习的节点，这个节点是不可缺少的。一旦缺少了它，知识与知识就不能串联在一起，学生也就不能综合运用所学知识进行实践了。

　　三是"欲先取之，必先予之"。这告诉我们，有舍才有得。

　　当学生们开始拆第6个环之后的环时，有一个现象引起了他们的注意（其实这种现象之前就有，只不过因为步骤少，没有引起他们的重视），那就是想要解下第6个环，那么第5个环必须在上面，而想让第5个环在上面，那么第4个环就必须在上面，依次逆推，就要把刚刚解下的前5个环全都安上去，再把前4个环解下来，这样才能把第6个环解下来。想明白这个过程，那些好不容易才把前5个环解下来的学生舍不得下手。这时，我适时地引入"有舍才有得"的道理，暂时的放弃是为了更好地获得。生活中我们会面对很多诱惑，学会放弃，学会舍，最终才能获得我们想要的结果。就是在这一环一环的上下翻飞中，学生面对困难不退缩的恒心正在一点点成长，推理能力、逆向思维也在悄然绽放。

　　玩九连环就像读一本书，每多读一遍，就会有新的感悟。在学习中思考，在感悟中成长，这或许也是我们教学的另一种乐趣所在吧。

"制作风筝"教学

丁素萍

一 教学意图

"制作风筝"这一课是实践性很强的劳动课程。学生必须动手动脑，通过扎制、裱糊、绘画、放飞等一系列体验操作，才能掌握知识，形成劳动技能，进而发展特长，体会劳动的乐趣，感悟劳动的价值和意义。教学实施过程中，通过识读简单的示意图、尝试设计简单的风筝样式，让学生感受传统工艺技术的精湛、劳动的艰辛和收获的快乐，形成传承并发扬传统工艺的意识。

二 教学目标

1. 了解风筝的发展历史，学会正确使用工具，学会风筝制作的技能和方法。掌握裁、扎、糊、拴等基本方法，能制作一个简单的风筝。

2. 识读简单的示意图，尝试设计简单作品。感受传统工艺技术的精湛、劳动的艰辛和收获的快乐，形成传承并发扬传统工艺的意识。

3. 感受扎风筝作为传统工艺劳动的智慧工匠精神，培养追求创新的劳动精神。

三 教学准备

废旧报纸、风筝布、风筝纸、竹条、白乳胶、麻线、风筝线、剪刀、水彩笔、针、线等。

四 教学过程

环节一：创设情境，了解风筝

（播放视频：走进"风筝王国"，欣赏各种不同类型的风筝，了解风筝的基本结构和不同种类，感受风筝的对称美。）

师：视频中有什么风筝？你在其他地方还见过或者放过什么风筝？

师：放风筝是一项深受大家喜欢的、有益于身心健康的活动。今天老师就带领大家一起走进风筝的世界，体验做风筝的乐趣。

【设计意图】谈话导入，在轻松的氛围中讨论"风筝"。通过亲手制作的风筝来引起学生兴趣，激发学生动手实践的欲望。

环节二：搜集知识，认识风筝

（提前让学生搜集关于风筝的资料，让学生以小组为单位交流。）

师：通过刚才的汇报交流，我们知道了风筝的起源、风筝的演变过程和风筝的发展。请同学们观察你手里的风筝，以小组为单位讨论风筝的特点、结构以及各部分的作用。

生：风筝的特点是外观轻盈、对称；形状各异；颜色丰富。风筝的结构是骨架、风筝面、提线、放飞线、风筝尾和左右平衡条。

师：谁来说说风筝各部分的作用？

生：骨架是支撑整个风筝的架子。风筝面是承受升力的部分。提线是风筝和放飞的连线，可以调整风筝的角度。尾巴起到平衡稳定的作用。放风线牵引风筝升高，上升的高度取决于线的长度。

师：制作风筝需要哪些基本材料和常用工具？

生：纸、布、绢、塑料等。

【设计意图】学生在小组学习中学会观察，提升自主学习的能力。知道风筝的特点、结构以及各部分的作用。了解制作风筝需要的基本材料和常用工具，为下一步制作风筝做铺垫。

环节三：动手实践，制作风筝

1. 老师播放制作风筝的视频，让学生自主学习制作风筝的过程。

2. 老师借助视频解读制作风筝的关键点。主要指导两点：一是绑扎提线；二是找不准拴提线的位置，而且有的小组做得不太对称。

3. 学生代表交流制作风筝的步骤，教师总结。

4. 出示制作风筝示意图和风筝评价表，学生动手制作。

5. 为了使大家的制作更加顺利，老师给每个小组准备了一张风筝制作示意图，学生可以参照示意图进行制作。

【设计意图】该环节通过视频讲解使复杂工艺变简单，使学生容易接受，更能突出重难点，能激发学生学习探究的欲望。采用小组合作的形式，让学生体会团队合作的力量，提升与他人合作劳动的能力。让学生更好地体验传统工艺制作过程，达到劳动实践的目的。

环节四：畅谈收获，展示风筝

各小组派代表介绍作品，并交流感受。此环节重在展示学生的创意作品，让学生讲解设计内涵，分享制作过程用到的技巧、活动中有趣的故事。

【设计意图】让小组代表进行成果展示，既是课内总结，又是课外延伸。让学生们在获得劳动成就感的同时，感受工匠精神，感受传统工艺劳动者的智慧，形成不怕辛苦、积极探索、追求创新的劳动精神。

五 教学反思

　　"制作风筝"的选题是源自学生的实际学情和课标要求。本节课借助"制作风筝"提供多渠道获取知识、综合运用知识的实践机会，提高学生动手操作的能力，培养不怕困难、不怕失败的劳动精神，让学生感受劳动带来的成就感。

　　整节课各环节设计环环相扣，学生在这节课上掌握了基本的扎风筝技能，感受到了不怕辛苦、积极探索、追求创新的劳动精神，体会到了劳动的成就感和幸福感。在制作过程中，"绑扎提线"对于学生来说有难度，找不准拴提线的位置，而且有的小组做得不太对称。这是教学过程中的难点。在课堂的实施中，我运用课件、视频教学与动手实践相结合的方式，让教学内容更加直观形象，重点比较突出，使学生易于接受。

家校共育话成长

文 欣

大明湖小学一直用"大国学教育思想"来引导学生的全方位教育，将中华优秀传统文化精髓融入学校教育，让学生在充满浓郁文化氛围的环境中学习、成长。我们的祖国有着悠久的文明，留下了无数令人无比骄傲的非物质文化遗产。在接触这些传统文化的过程中，孩子不仅能够更好地了解中华民族的历史，还能深刻地感受古人的智慧，激发起深深的爱国之情和民族自豪感。"小学阶段是学生形成世界观、人生观、价值观的启蒙阶段。用优秀的传统文化做他们的生命底色，在孩子们纯真的心灵中播撒优秀传统文化的种子，会让他们受益终身。"

通过陪伴孩子学习国学传统文化知识，我感慨良多。我尽管在教育孩子时，摆事实、讲道理，口若悬河，信心满满，但细细想来，着实有些心虚。一是很多教育方法——循古也好，媚洋也罢——都是我从书本上看来的。"纸上得来终觉浅，绝知此事要躬行"，这些方法是否有实效，我心里也没底，很大程度上是在拿孩子做试验。二是时过境迁，我当年学习成长的经历和心路历程，跟孩子现在的环境相比，差别太大。硬要拿自己的经历来教育孩子，无异于刻舟求剑。三是现在的孩子的情商、智商，接触社会的广度和深度都是空前的。在他们的世界观、人生观、价值观、辨别能力、是非观念尚未成型之前，该听的、不该听的都有机会听到，该看的、不该看的都有机会看到，孩子们被这个信息爆炸的浮躁社会催"早熟"了。教育孩子的暗礁越来越多，难度越来越大。除了这些共性的原因，还有个体原因。世界上没有两片相同的叶子，孩子也是如此。既要不拘一格地施教，又要因时因势地因材施教。每一个孩子都是一本无字新书，怎么去读，怎么去写，都是全新的课题。一方面，我觉得教育孩子非儿戏，责任重大；另一方面，我又隐隐觉得力不从心。我由衷地感谢老师提供这样一个机会，让我可以认认真真地思考孩子的教育问题，尤其是思考家庭教育如何跟学校教育搞好配合的问题。其实对孩子小学阶段的学习，我没有太高的期望，既不敢奢望"五道杠"的荣耀，也不去仰望早早进入大学的天才少年们的项背。我只希望他有一段充实的学习经历，有一段快乐的生活经历，有一段难忘的心路历程。下面我结合"学、懂、用"，谈一些自己在教育孩子方面不成熟的看法，与大家共勉。

一是学知识。在信息社会时代，孩子获取知识的渠道是很广泛的。孩子进入小学后，在教师的引导下，更系统、更规范、更扎实地获取知识才是正路子。何为"教"？"上所施，下所效也。"何为"师"？"师者，所以传道授业解惑也。"老师在传授知识方面是主角，是权威，具有决定性的作用。在这方面，作为家长，我们应当配合老师，多跟老师沟通，多听取老师的指导意见和建议，围绕学校教育开展家庭教育，把家庭教育置于学校教育的总要求之下，严格要求孩子端正态度，认真完成每一次作业，把老师的教学意图落到实处。简言之，家长要全力支持、配合老师，帮助孩子尽快适应学校的学习生活，养成良好的学习习惯，掌握学习方法。

二是懂道理。所谓教育，也就是教书育人。我理解的育人就是让孩子懂道理。短期来看，孩子上学学的是知识；长远来看，孩子学的是如何做人。在孩子懂事明理方面，家长无疑是第一责任人。"其身正，不令而行；其身不正，虽令不从。"家长首先要修其身，身教重于言传。"欲修其身者，先正其心。"家长必须下定决心从自己做起。圣人要求我们"博学而日参省乎己，则知明而行无过矣"。当我们陪伴孩子由他律变自律，再由自律变成自觉，最终养成受益终身的良好习惯时，或许会庆幸现在的付出吧。在这方面，我们为人父母者责无旁贷是主角，恳望老师多做些引导工作，多观察孩子在校的表现，及时反馈、多提醒，以便我们有针对性地做好家庭教育。

三是用技巧。其实就是提高孩子的动手实践能力，提高他们发现问题、分析问题、解决问题的能力。在这方面，孩子是绝对的主角，其他人都是配角。在发现问题方面，我把我一直受益匪浅的座右铭——留心处处皆学问——送给了他，着力培养他的观察能力。例如，在孩子学习围棋的时候，我发现他下棋落子速度手比脑快，随手棋多。我们对弈时，我便刻意按住棋子，数十秒后，才允许他取棋落子。尽管他现在状态起伏不定，但是对棋盘大局的观察能力有了明显提高，基本养成了先观察、再落子的习惯。再就是分析问题，我着力培养他多角度观察问题和逆向思维能力，鼓励他多表达。现在他能比较详尽地描述，比较周全地表述观点，也算值得欣慰。在解决问题方面，我总觉得放任自流、不干涉的做法是消极的，孩子会很孤独。我认为，家长应该积极参与进去，做好铺垫引导。一开始家长可以起一些主导性作用，引导孩子，再逐渐调动孩子的主观能动性，发挥孩子的创造力，把主导地位过渡给孩子，也就是把孩子扶上马再送一程。在孩子的能力锻炼和提高方面，孩子永远是不可替代的主角，我们都是配角。

教育最大的好处就是教学相长，国学教育也一样。家长陪着孩子一起成长，会取得意想不到的效果。这不仅是最好的国学教育，还是最好的亲子教育。一个人读什么书，就会成为什么样的人。让孩子读圣贤书，立君子德，是我们每一个父母的责任和使命。

因材施教　兴趣为先　家校共育

郑博冉家长

　　父母是孩子来到这个世界最先接触并亲近的人。对孩子而言，家是他们最温暖的港湾，父母是他们最初、最重要的老师。父母给了孩子物质和精神上的依靠，是孩子是否健康成长的最关键的责任人。

　　我和许多家长一样，教育类书籍也读了不少，专家讲堂也时有参加。我的观点是：专家们的教育理念可以参考，好的经验可以借鉴，但有些理论不一定适用于所有的孩子。因为我们面对的都是唯一的、与众不同的孩子，他们有自己的特点；而我们家长最了解自己的孩子，故应"因材施教"。

　　孩子学知识，其实是建立在兴趣之上的。孩子对某一事物有了兴趣，自然就接受，进而吸收、掌握。拿识字来说，儿子一岁多时，我采用了专家的建议：用卡片，又是读，又是画，反复告诉他这是什么、那是什么。可这方法用在我的儿子身上却收效甚微。我发现儿子对各种车标很感兴趣，而且认得快、记得牢，于是在墙壁上贴满各国名车标志，下面标注汉字。大人给他指读，不知不觉儿子就对识字产生了兴趣。接下来就进行亲子共读。我选择的是通篇白话的童话故事书，插图极少。一是为了让他认字，二是让他自己融入故事中去，充分发挥他的想象力。我尽量读得口齿清晰、字正腔圆、声情并茂，儿子也"看"得津津有味。一段时间后，我故意漏读几段，他能立即指出哪部分没念；让他自己念，他竟能一字不差地念完。就这样，儿子掌握了大量的生字、词汇和成语，而且日常生活中也能灵活运用，在描述某一事物或事件时思路清晰，用词恰当，还时有感想在其中。

我的儿子自三四岁开始，读书习惯就慢慢形成，并一直保持。对孩子们而言，认了字，有了读书习惯，就拿到了知识大门的钥匙，加上老师和家长的正确引导，他们会大量吸收知识中的养分。只要有兴趣，学习就难不倒他们。

在学校，儿子并不是对每门功课都感兴趣。难道没兴趣就不学了？或者要填鸭式地硬塞给他？肯定不行。那就需要想办法培养他的兴趣。"国学启蒙教育"是学校的校本课程，我非常赞同学校开设这门功课。中国传统文化的精髓都在这里面，"仁""义""礼""智""信"皆在其中。"孝悌""谨信""余力学文"，这不也正契合了我们现在的"素质教育"吗？

我的儿子从一年前开始接触国学。一开始他兴趣不大，只能借助拼音读下来。我也不强求他必须背诵。但我会经常刻意地在他面前引用国学经典句子，如"温故而知新""三人行必有我师焉""吾日三省吾身"等。他会兴奋地说："我在国学课上学过这句，我给你讲讲！"慢慢地，儿子对阅读经典古书有了兴趣。我会和他一起读那些朗朗上口、句句押韵的国学经典。坚持下来，有些句子儿子自己就能明其义；而我也在和他一起读的过程中受益，正如古人云："至乐无如读书，至要莫如教子。"

一位早教大师说过，孩子是人生的另一极。他们有独特的心理世界，他们有天马行空的想象力，所以家长和老师要尽量保护他们的想象力。对于画画，我从不赞成儿子"画什么像什么"，我让他"想什么画什么"。儿子的画看起来通常是最简单的，有时只有寥寥数笔，可内容相当丰富。有时一幅画是一个完整的故事，有时一天的经历全融在一张画纸上，那是他真实的内心写照。

在学习上，兴趣还只是开始，养成良好的学习习惯同样重要。孩子的心智还没有发展成熟，做事情容易受到外界环境的影响，有时遇到困难便想放弃。我的儿子刚上学时，做作业是让他头痛的事。他虽然都会做，作业也不多，但总是慢吞吞地做，因为他不习惯、不想做。我对他除了引导、鼓励之外，一直坚持我的原则：必须先完成作业，否则不能干别的。作业完成得好，儿子自己也有成就感，再得到老师的奖励就更积极了。总而言之，教育是一门深奥的学问。家校教育相结合，家长和老师一起关注孩子成长的每一步。

　　最后，相信每位家长都希望自己的孩子成为诚实、正直、聪明并值得信赖的人。既然如此，我们更要因材施教、兴趣为先、家校共育。与各位家长共勉！

征文汇总

阅读经典，收获未来

六年级三班　李梓菲

经典滋润童年，智慧点亮未来。中华文化源远流长，灿若星河，留下一部部闪烁着光辉思想的名篇佳作。它们早已成为中华民族的精神宝藏。

"人之初，性本善……温故而知新，可以为师矣。"伴随着琅琅的读书声，我们的国学课开始了。老师告诉我们，所谓的国学，就是古人知识智慧的结晶。这些国学所蕴含的道理对现代社会起到了承前启后的作用。

每次读到《弟子规》中"父母命，行勿懒"时，我都羞愧不已。

"该起床了，小懒虫！"听到妈妈的声音，我不情愿地睁开眼睛说道："我就再睡5分钟。"妈妈看了看我，无奈地摇了摇头，离开了我的房间。我看见妈妈走后，倒头就睡，心想："我还可以多睡5分钟，就5分钟而已。"可妈妈再次来喊我，我还是不想起床。在妈妈的再三催促下，我才慢吞吞地下了床。现在回想起来，这是多么不应该呀！我应当改掉睡懒觉的坏习惯，早睡早起，做到"父母呼，应勿缓。父母命，行勿懒。父母教，须敬听。父母责，须顺承"。

《论语》中的"温故而知新，可以为师矣"这句话让我受益匪浅。

以前上完课后，我并不复习当天学的知识，这也导致我的成绩一直提不上去。学了"温故而知新，可以为师矣"，我知道了今日学习的知识应该今日复习。在复习中，我对学过的知识有了新的理解。这也让我的成绩逐步提升。我经常与同学交流"温故而知新"在学习上带来的好处。这句话，我时刻铭记于心。

国学让我眼界开阔，让我拨云见日。学习了"三人行，必有我师焉"后，我知道如何做一位谦谦君子。《一屋不扫，何以扫天下》让我知道了如何修身齐家；《程门立雪》让我明白了尊师重道的道理；《孔融让梨》让我理解了尊老爱幼。

在国学经典的滋润下，我变得更加阳光，也懂得了很多人生哲理。国学是一位良师，教给我许多知识；国学是一束光，照亮我前进的道路；国学是一块糖果，让我品尝到了知识的香甜……

勿以恶小而为之

五年级一班　赵尚博

对于"勿以恶小而为之"这句经典名言，很多人都耳熟能详。

二年级的时候，我和妈妈去逛街。我看见一家店，招牌上写着"找名字寻好运"，这顿时吸引了我。进去之后，我发现我的名字真的被刻在晶莹剔透的小球上。我看了看小球的价钱，竟然是5元钱一个，那我的名字就是15元，对于当时的我来说太贵了。我认为妈妈一定不会给我买。于是我挑来挑去，放来放去，偷偷地把一个带有"博"字的小球捏在了手心里。虽然妈妈和售货员阿姨都没有发现，但是我的心还是怦怦地跳个不停，感觉心都提到了嗓子眼儿。小球也被汗水打湿了，差点从我的手心里滑出来。就这样，我带着小球"溜"走了。出了店门口，我看见每个人都在张嘴说话，好像他们都在议论我。我赶紧对妈妈说："咱们回家吧。"

在回家的路上，我一直忐忑不安，想着要不要和妈妈说，说了会不会挨打。最后，我鼓起勇气和妈妈说了。出乎意料的是，妈妈既没有打我，也没有训我，而是铿锵有力地说："抬起头来，看着我的眼睛。"这眼神让我有些心虚，又让我有安全感。妈妈给我讲了小偷变大偷、大偷最后上刑场的真实案例。听完之后，我更害怕了。妈妈温和地说："知道错了然后改正，就还是好孩子。妈妈陪你一起想办法去纠错。"于是我和妈妈又回到了那家店，光明正大地挑全了我的名字，并一起付了款。在付款的那一瞬间，我的心儿也轻松了。我下定决心，以后再也不做这种事了。这种羞愧的负罪感可真不好受呀！

从那以后，那三颗小球就一直挂在我家里最显眼的地方。它一直警醒着我，让我更深刻地理解了"勿以恶小而为之"的道理。

孝悌自亲始

六年级四班　孙玉晗

转眼间，我学习国学已经有六年的时间了。在这六年中，我背诵了许多中国传统典籍中的名句和名篇。它们陶冶了我的情操，使我受益匪浅。

随着我对中国古代文化的深入理解，国学对我的影响越来越大。记得以前我的脾气特别大。有一次，我在学校和同学闹了点小别扭。回到家里，到了吃饭的时间，我头也不回地走进卧室，把门锁死。妈妈见了，知道我一定发生了什么事。她边敲我房间的门，边叫我出来吃饭。我一句话都没听进去，对她大声地说："不要你管！"我生了一会儿气，觉得没事可做，便拿起一本《国学》书看起来。我恰好看到了这句话：孟子曰："不得乎亲，不可以为人。"意思是说，子女和父母相处得不好，就不能做人。看了这段话，我受益很大，它让我知道了，我刚才不应该跟妈妈发火。父母养育了我们这么多年，我们应该跟父母和谐相处。想到这里，我走出房间，跟妈妈打招呼，好好吃饭，并承认错误。从这以后，我变得乖了好多。父母都说我长大了，懂事了。

国学真的让我明白了好多道理。当我骄傲的时候，我会想到"满招损，谦受益"；当我失落的时候，我会想到"天行健，君子以自强不息"。国学让我时时矫正自己的行为，平和自己的心境。

我越来越离不开国学了。每当我翻开《国学》书，我都像在跟书中的一个个伟大的思想家谈心一样，心情非常轻松。他们那富有哲理的话，让我受益，催我醒悟。

感悟国学

五年级四班　薛文瑞

它是中华民族历史长河里一颗璀璨的明珠，是我国上下五千年来的文化瑰宝。它博大精深，滋养着我们民族文化的发展，传承着先辈们智慧和道德的力量，已经成为中华民族文化的基因。它就是先哲们智慧与道德的结晶——国学。

从小妈妈就教我背《三字经》，那时候我还不能明白其中的深刻道理，但被它那优美动听的韵律深深地吸引了。后来，学校开设了"国学启蒙教育"课程。老师根据我们的学习能力采用多种教学手段，不但让我们在轻松愉快的气氛中对传统文化有了更多的了解，而且让我们在与先贤、哲人对话的无限空间里体验着智慧与道德的力量。

子曰："父母之年，不可不知也。一则以喜，一则以惧。"这句话是说，父母的年纪不能不记住，因其高寿而欢喜，又因其高寿而担心。是呀，父母辛辛苦苦地养育了我们，我们要知恩图报，要记住父母的年纪。父母长寿是我们最高兴的事情，可是父母的高龄也代表着父母即将要离开我们，我们就会忧伤、苦恼。"树欲静而风不止，子欲养而亲不待。"所以，父母在世时，我们就要孝敬他们，做一个懂事的孩子。我们要关心父母的身体、关注父母的生活，为父母分担一些力所能及的家务。我们要努力学习，不让父母为我过多地操劳，以实际行动报答父母的养育之恩。

在"国学启蒙教育"这门课程中，我们还学到了很多这样的含有深刻道理的句子，这为我们打开了一扇扇传统文化的智慧之窗。让国学这朵绚丽多彩的鲜花在中华传统文化的花园里永不凋谢！

感悟国学

六年级四班　魏晓

每个学校都有自己的特色课。我们学校的特色课就是国学。我在国学课中学到了很多做人的道理。

孔子曰："益者三友，损者三友。友直、友谅、友多闻，益矣；友便辟、友善柔、友便佞，损矣。"这句话的意思是：有益的朋友有三种，有害的朋友有三种。同正直的人交友，同守信诚实的人交友，同见闻广博的人交友，便有益了；同谄媚奉承的人交友，同当面恭维背后毁谤的人交友，同夸夸其谈的人交友，便有害了。

在我身上也发生过这样的事。那是在我五六岁的时候，我交了第一个朋友。当时我学习很好，她就对我说："你是世界上最聪明的人，根本不需要努力学习。"我当时还不懂，便相信了她。我把自己当成了世界上最聪明的人，上课不听讲，不写作业，期末考试就考了倒数。可是她却考了第一。我很不服气。考完试后老师找我谈话，给我讲了道理：像这样的朋友交不得，这样的朋友是有害的。我回家想了想，觉得老师说得对。

回到济南后，我交了两个好朋友。她们学习很好，很诚实，知道的东西也很多。我们对对方有什么不满就直说。我们一起学习，一起比拼，一起成长。我们一直都是最好的朋友。以前我不懂什么是真正的朋友，学了国学后，我知道什么是真正的朋友了。真正的朋友就是正直、守信诚实、见闻广博的人。

国学就是一位不说话的老师，一直在教育着我们。只有真正走进它，才能体会到它的魅力。

国学感悟

六年级三班 何百汇

国学经典是中华民族五千多年灿烂文化的精髓，是华夏文化的瑰宝。

我喜欢阅读国学经典，它让我丰富了知识，感悟到了做人的真理。小时候的我迷恋科幻小说，现在的我已经跨入了国学的大门，在浩瀚的知识海洋里畅游。我喜欢易安的柔情似水，欣赏香山居士的放荡不羁，向往庄子的无限逍遥，敬佩孔孟的治国之道。

从他们的字里行间里，我学会了不同的做人的道理。我们学的第一句《论语》就是"三人行，必有我师焉。择其善者而从之，其不善者而改之"。这句话告诉我们：应当选择他们的优点去学习，对他们的缺点要注意改正。我还学了"学而不思则罔，思而不学则殆"。这告诉我们：不能空想，要努力学习，对学过的东西要仔细思考。我最喜欢的一句是"知之为知之，不知为不知，是知也"。知道就是知道，不知道就是不知道，不能不懂装懂，这才是明智的表现。这句话在我的身上就得到了很好的体现。记得有一次，我在上课的时候没有听懂老师讲的一道数学题，当老师问我们有没有听懂时，我却不懂装懂，结果在考试中吃了亏。

"君子坦荡荡，小人长戚戚"，告诫我们要有坦荡的胸怀。"伯夷、叔齐不念旧恶，怨是用希"，让我学会了为人处世应有的态度。我与同学友好相处，互相帮助，不计较区区小事。总之，在国学经典中，我无时无刻不在领略自强不息的开拓精神、厚德载物的博大胸怀，聆听圣贤的教诲。

国学是我们中国人特有的国粹。作为新时代的小学生，我们要多学习国学，让国学经典中的智慧之光引领自己成长。

图书在版编目（CIP）数据

养正育能　启智润心："养正育能"优秀传统文化
课程体系的创新建设与实践研究 / 王延贞，郭骏，李宏
编著 . —— 济南：济南出版社，2024. 9. —— ISBN 978-7-
5488-6754-8

Ⅰ . D432.62

中国国家版本馆 CIP 数据核字第 2024F8H038 号

养正育能　启智润心

——"养正育能"优秀传统文化课程体系的创新建设与实践研究

YANGZHENG YUNENG QIZHI RUNXIN

——"YANGZHENG YUNENG" YOUXIU CHUANTONG WENHUA KECHENG TIXI DE
CHUANGXIN JIANSHE YU SHIJIAN YANJIU

王延贞　郭　骏　李　宏　编著

出 版 人　谢金岭
责任编辑　赵志坚　李文文
装帧设计　曹晶晶

出版发行　济南出版社
地　　址　山东省济南市二环南路 1 号（250002）
总 编 室　0531-86131715
印　　刷　济南继东彩艺印刷有限公司
版　　次　2024 年 9 月第 1 版
印　　次　2024 年 9 月第 1 次印刷
开　　本　170mm×240mm　16 开
印　　张　15
字　　数　222 千字
书　　号　ISBN 978-7-5488-6754-8
定　　价　68.00 元

如有印装质量问题 请与出版社出版部联系调换
电话：0531-86131736